I0536269

www.ingramcontent.com/pod-product-compliance
Lightning Source LLC
Chambersburg PA
CBHW071158120626
46546CB00006B/2316
9781958168271

العلامات التسع / سلسلة الخطوات العشر الأولى

9Marks

العلاقات

كيف أضع الأمور في نصابها الصحيح؟

شارون ديكنز

تحرير السلسلة في الإنجليزية: ميز ماكونيل

ذهن جديد

CHRISTIAN FOCUS

9Marks

9Marks ISBN: 978-1-958168-27-1

اسم الكتاب: العلاقات.
كيف أضع الأمور في نصابها الصحيح؟

المؤلف: شارون ديكنز

الناشر للطبعة العربية: خدمة «ذهن جديد»

www.zehngadid.org

مسؤول الخدمة: الدكتور/ ياسر فرح

ترجمة: جرجس كامل يوسف

مراجعة: ساندرا سامح

المطبعة: سان مارك

رقم الإيداع: 2021/27273

أوصي تمامًا بكتاب شارون ديكنز الجديد حول كيفيَّة تعاملنا بصفتنا مسيحيِّين مع الآخرين. فهو يتحدَّث عن كيفيَّة ارتباطنا بصفتنا عائلات وجيران وأصدقاء مُقرَّبين وحتَّى عن خوضنا في المواعدة والزواج. فهو كتابٌ صادق فيما يتعلَّق بالصراعات والتحدِّيات ويُقدِّم تطبيقاتٍ واضحة لنصوص الكتاب المُقدَّس ومبادئ الإنجيل. إنه مُزوَّد بالأمثلة التوضيحيَّة مع شخصيَّة تُدعى بايدي (Biddy)، والتي تظهر في كلِّ فصل. اللغة واضحة وسهلة الفهم للأشخاص الذين اعتنقوا الإيمان مؤخَّرًا، خاصَّةً إذا لم تكُن لديهم خلفيَّة ومُفردات كنسيَّة. ويقع يسوع في مركز الكتاب، وهو يُمثِّل أهم علاقة على الإطلاق.

– جراهام نيكولز
مدير خدمة أفينيتي (Affinity)

إنَّني في غاية الحماس لرؤية سلسلة من الكتب مكتوبة لغرض تلمذة مؤمنين جدد غير كنسيِّين! وتكتب ديكنز بأسلوب محادثة سهل القراءة يطرح الحقَّ الكتابيَّ بطريقة قابلة للتطبيق بشكل كبير. إنَّ تطوير نظرة كتابيَّة للعالم فيما يتعلَّق بعلاقاتنا أمر لا بدَّ منه لنا جميعًا، وخاصَّةً بالنسبة لأولئك الجُدد في الإيمان.

– جون سي. كواسني
مدير خدمات التلمذة، كنيسة بير أوركارد المشيخيَّة (PCA)،
مدير خدمات القصَّة الواحدة (One Story) ومؤلِّف كتاب
«السعي وراء قلب الحكمة: تقديم المشورة الكتابيَّة للمراهقين»
(*Pursuing a Heart of Wisdom: Counseling Teenagers Biblically*)

يمكن أن تكون العلاقات صعبة ولا تُطاق. حتَّى بصفتنا مسيحيِّين، فالعلاقات ليست دائمًا جميلة. مع ذلك، يريد الله مقابلتكم في انهيار علاقاتكم. في هذا الكتاب، تساعدنا شارون على رؤية العلاقات من منظور الله، كما تُعلِّمنا كيفيَّة معالجة أوجه قصورنا، وتوجِّهنا إلى قوَّة الله، جنبًا إلى جنب مع شعبه، ونحن نبحر في انكسار هذا العالم والرجاء الذي في المسيح. كتابات شارون عمليَّة ومفيدة ونافعة في مسيرتكم مع يسوع.

– كريس بروسيت
راعي، بلوس أنجلوس، كاليفورنيا
مؤلِّف كتاب «مواطنة الملكوت: فهم الله، وخطَّته، ومكاننا فيها»

(*Kingdom Citizenship: Understanding God, His Plan, and Our Place in it*).

المحتويات

الفصل السابع

الفصل الثامن

الفصل التاسع

تقديم

عندما أصبحتُ مسيحيَّة، لم أكُن أعرف شيئًا. كان كلُّ شيء جديدًا بالنسبة لي. فجأة، كان من المُفترض أن تغيِّر هذه العلاقة الجديدة مع الله كلَّ شيء، وخاصَّةً علاقاتي – ولكي أكون أمينة، لستُ مُتأكِّدة من أنَّني كنت مُستعدَّة لذلك.

ومع زيادة إدراكي، ومعرفة ما يجب عليَّ أن أفعله الآن، كان هناك الكثير ممَّا كنتُ لأفعله بطريقة مختلفة في الماضي. كشابَّة مسيحيَّة، كنتُ أشارك هذا الإيمان الجديد بقليل من الحماس الزائد. لقد أحببتُ أصدقائي وعائلتي، وكنتُ بحاجة ماسَّة إليهم لمعرفة حقيقة يسوع. كنتُ ولا زلت لا أطيق أنَّهم قد يذهبون إلى الجحيم. لكن كما قلتُ، كنتُ أشارك إيماني بتهوُّر، ولم أشارك الحقَّ بشكلٍ جيِّد. لقد تسبَّبتُ في أضرار، وأذيتُ من أحببتُهم وتركتُهم يتألَّمون. صحيح أنَّني قلت ما يحتاجون سماعه، لكنِّي كنتُ أفتقر إلى اللطف الروحيِّ. لم يكن اندفاعي المتهوِّر بمشاركة الحقائق الصعبة هو الأفضل لمُجرَّد أنَّ ما قلتُه كان صحيحًا.

لحسن الحظِّ، مع زيادة علاقتي مع الله عمقًا، غيَّرني الله. فلم أعُد نفس الشخص الذي كنتُ عليه قبل ثلاثين عامًا. كانتْ هذه العلاقة هي الأساس الذي ساعد ببطء جميع العلاقات الأخرى في حياتي على التغيير. لقد استغرق الأمر وقتًا طويلًا. لكن بفضل الله، أريد أن أكون أُمًّا وابنة وأختًا وخالة وصديقة أفضل. إنَّه يساعدني على رؤية وقبول حقيقة قلبي الأنانيِّ ويزرع بداخلي رغبة في حبِّ الآخرين.

لا تـزال هـذه العلاقـة باقيـة لـم تختفِ، بـل تجلـب أسـوأ وأفضـل الأوقـات، والتـي قـد تجتمـع كلُّهـا أحيانًـا مـرَّة واحـدة.

أريـد فـي هـذا الكتـاب أن أسـاعدك علـى البـدء فـي التفكيـر في علاقات حياتـك. سيكون لعلاقتك مـع الله تأثيـر هائـل، ليـس عليـك فقـط، بـل علـى علاقاتـك الأساسيَّة أيضًـا. تُمثِّـل هـذه العلاقـة الجديـدة مـع الله نقطـة تحـوُّل.

شارون ديكنز
سبتمبر ٢٠١٩

مُقدِّمة السلسلة

تساعد سلسلة الخطوات العشر الأولى في إعداد من جاءوا من خلفيَّة لم يحضروا فيها الكنيسة في صغرهم على أخذ الخطوات الأولى في اتِّباع يسوع. نُسمِّي هذا «الطريق إلى الخدمة»، لأننا نؤمن أن كل مؤمن ينبغي أن يتم تجهيزه ليكون خادمًا للمسيح وكنيسته بغض النظر عن خلفيَّته أو خبرته في الحياة.

إن كنت قائدًا في الكنيسة وتقوم بالخدمة في أماكن صعبة، استخدم هذه الكتب كأداة لتساعدك في تنمية من لا يألفون تعاليم يسوع لتجعلهم تلاميذًا جُددًا. سوف تُجهِّزهم هذه الكتب لكي ينموا في الشخصية والمعرفة والعمل.

أو إن كنت أنت نفسك جديدًا في الإيمان المسيحي، ولا زلت تصارع حتى تفهم معنى أن يكون المرء مسيحيًّا، أو ماذا يقول الكتاب المُقدَّس فعليًّا، فسيكون هذا دليلًا سهل الفهم بالنسبة لك بينما تخطو أولى خطواتك كتابع ليسوع.

هناك طُرُق كثيرة يمكنك أن تستعمل بها هذه الكتب:

- يمكن استخدامها من قِبَل شخص واحد يقرأ المحتويات ببساطة ويجيب عن الأسئلة بمفرده.
- كما يمكن استخدامها في صورة لقاء بين شخصين، حيث يقرأ الاثنان المادة المكتوبة قبل أن يلتقيا ثم يناقشان الأسئلة معًا.

- كما يمكن استخدامها في صورة مجموعة حيث يُقدِّم القائد المادة في صورة حديث أو عظة، ويتوقَّف عند نقاط معينة للمناقشة داخل المجموعة.

سوف يُحدِّد إعدادك أفضل طريقة لاستعمال هذا الدليل.

دليل المُستَخْدِم

بينما تقوم بالدراسة سوف تصادفك الرموز التالية ...

بايدي – سأُعرِّفك ببايدي. عند نقاط معيَّنة من كل فصل سوف تتقابل مع بايدي وتسمع شيئًا عن قصتها وما كان يحدث في حياتها. نريدك أن تأخذ ما كنت تتعلَّمه من الكتاب المُقدَّس وتتبيَّن ما الفرق الذي يمكن أن يُحدِثه ما تعلَّمته في حياة بايدي. لذا متى رأيت هذا الرمز سوف تسمع المزيد عن قصتها.

توضيح – من خلال أمثلة وسيناريوهات مأخوذة من الحياة الواقعية، سوف تساعدنا هذه الفقرات على فهم النقطة المطلوب إثباتها وتوضيحها.

تَوَقَّف – عندما نصل إلى نقطة هامة أو صعبة سوف نطلب منك أن تتوقَّف وتقضي بعض الوقت في التفكير أو الحديث عمَّا تعلَّمناه للتو. ربما يجيب هذا عن بعض الأسئلة، أو ربما يقودنا هذا إلى سماع المزيد من قصة بايدي.

آية مفتاحيَّة – الكتاب المُقدَّس هو كلمة الله لنا، وبالتالي يُمثِّل الكلمة الفاصلة بالنسبة لنا في كل شيء علينا أن نؤمن به وكيف علينا أن نسلك. بالتالي نريد أن نقرأ الكتاب المُقدَّس أولًا، ونريد أن نقرأه بعناية. لذا متى رأيت هذا الرمز عليك أن تقرأ أو تُنصِت إلى الفقرة الكتابية ثلاث مرات. إن شَعَر الشخص الذي تقرأ معه الكتاب المُقدَّس بالارتياح، اجعله يقرأ الفقرة مرة واحدة على الأقل.

آية للحفظ – في ختام كل فصل سوف نقترح آية كتابية للحفظ. لقد وجدنا أن حفظ الآيات الكتابية أمر مؤثِّر بحق في بيئتنا. سوف تتعلَّق الآية (أو الآيات) بشكل مباشر بالمواضيع التي غَطَيْناها في الفصل.

مُلخَّص – كذلك عند نهاية كل فصل وضعنا مُلخَّص قصير لمحتويات هذا الفصل. إن كنت تقوم بدراسة الكتاب مع شخص آخر، ربما يكون من المفيد العودة إلى ذلك المُلخَّص عندما تستأنف محتويات الأسبوع السابق.

تَقَابَل مع بايدي

ذاتَ يوم، وأنتَ جالسٌ في المقهى، تعرَّفت على بايدي عن طريق ابنها شون. أصبحت بايدي تذهب بانتظام إلى المقهى والكنيسة، حتَّى أنها كانت تقوم لأسابيع بدراسة الكتاب المُقدَّس، في درس كتاب تحت عنوان: «**الله، هل هو موجود؟**»[١] لو كانت صادقة، لاعترفتْ بأنَّها بدأتْ في المجيء في الغالب لأنَّها كانت وحيدة. منذُ سنوات، كانت قد فقدتْ زوجها بسبب السرطان. إذا سألتها، كانتْ لتقول – حتَّى بعد كلِّ هذا الوقت – إنَّها لم تتغلَّب أبدًا على مسألة موته فجأة وتركها بمفردها مع الأولاد.

لدى بايدي ثلاثة أولاد؛ أكبرهم بول، الذي يعمل بجَد، ويرعاها دائمًا ويصطحبها إلى المتاجر كلَّ يوم سبت. كانت شانتيل، حبيبة بول، في علاقة جيِّدة مع بايدي، لكنَّها ليست من أكبر المعجبين بشون (الابن الأصغر لبايدي). إنَّها مُتأكِّدة تمامًا من أنَّ شون كان يسرق أشياءَ من شقَّتهم، لذلك لم يعُد يقيم معهم الآن في المنزل. تسبَّب هذا في بعض التوتُّر بين الأخوين وبايدي. يشعر بول وكأنَّه عالق في الوسط بين شون وشانتيل. لقد سئم الجدال مع والدته حول شون، لذلك لم يعودا يتحدَّثان عنه بعد الآن. ويلي، الابن الأوسط لبايدي، لم يتحدَّث عن ذلك أبدًا أيضًا. بصراحة، هو وشون لا يتحدَّثان إلاَّ إذا اضطرَّا لذلك، وهذا يزعج بايدي دائمًا. لقد حاولت إقناعهما بالتحدُّث، لكن ويلي رفض ذلك.

---

[١] ميز ميكونيل. الله: هل هو موجود؟ (القاهرة: ذهن جديد، ٢٠٢١)

كلُّ ما تعرفه بايدي هو أنَّ شيئًا ما حدث ذات ليلة في مطعم نانا إيرين. فهي لم تـرَ ويلي غاضبًا هكذا من قبل. وعندما رأت وجه شون مُصابًا بالكدمات ومُلطَّخًا بالدماء، صُدمت تمامًا. «مهما كان الأمر، لا بدَّ أنَّه كان سيِّئًا، لأنَّ ويلي لم يفعل شيئًا كهذا من قبل. لم يُسبِّب أيَّ إزعاج. إنَّه هادئ. حتَّى إنَّني سألت شون، لكن هذا لا طائل من ورائه. يرفض كلاهما الحديث عن الأمر». تلوم بايدي نفسها على كلِّ المشاجرات العائليَّة – لو كان والدهما فقط على قيد الحياة، لكان قد أوقف ثلاثتهم عن هذا السلوك الأحمق!

لم يعرف الأولاد الكبار والدهم كثيرًا، لكن شـون لم يعرفه على الإطلاق. كانت بايدي تعلم أنَّ هذا هو السبب في أنَّه واجه صعوبة في طفولته. لقد انفطر قلبها حزنًا على ذلك الفتى، الذي يتمتَّع بطاقات وإمكانات كثيرة، والآن... «أنا أحبُّه، لكنَّني لا أستطيع تحمُّل المزيد... إنَّه مدين بمئات الجنيهات من ديون المخدِّرات. سوف يضربونه إذا لم أدبِّر ها له». في المرَّة الأخيرة، ذهبت بايدي إلى أختها للحصول على قرض. «أنا فقط لا أريد أن أسأل شقيقتي دوت مرَّة أخرى – لقد جنَّ جنونها واستشاطت غضبًا في المرَّة الأخيرة، وأخبرتني أنَّه يجب أن أطرده. لكنِّي لا أستطيع فعل ذلك، إنَّه ابني. لا أعرف ماذا سأفعل...».

ما المقصود؟

كلُّ علاقاتنا
محطَّمة بطريقةٍ
ما لأنَّنا جميعًا
نخطئ.

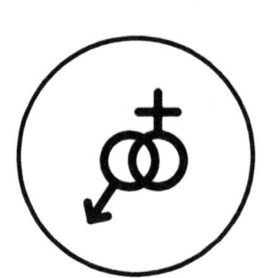

١- هل كل العلاقات مُحطَّمة بطريقةٍ ما؟

عندما أقول لفظة «**علاقة**»، ستتبادر إلى أذهاننا جميعًا صور مختلفة. قد يفكِّر البعض في أزواجهم أو زوجاتهم أو أمِّهم أو عمَّتهم الصغيرة جيني؛ بالنسبة للآخرين، يمكن أن تثير هذه الكلمة ذكريات والدهم (في ذلك اليوم الذي اصطحبهم فيه إلى الشاطئ)؛ قد يُفكِّر البعض على الفور في صديقه أو صديقتها. فالقائمة لا حصرَ لها. بطريقةٍ وبشكلٍ ما، فنحن جميعًا على علاقة مع شخص ما. وهي تتراوح من العلاقات الأقلِّ استمرارًا، أي المؤقَّتة - مثل مُعلِّم طفلنا - إلى علاقتنا العميقة بأفضل صديق، الذي يعرف ما نُفكِّر فيه قبل أن نقوله. من الواضح أنَّ كلًّا من هذه العلاقات ستكون مختلفة. ليس الأمر كما لو أنَّه ستكون لنا نفس العلاقة مع من نحن في علاقة عاطفيَّة معه مثلما مع الشابِّ الذي يعمل في المَتجر المحلِّيِّ، أليس كذلك؟ وإذا فعلنا ذلك، فثمة شيءٌ خطير يحدث!

تَوَقَّف

من الذين أنت في علاقة معهم؟

كيفيَّة تعاملنا مع علاقاتنا هو أمر مهمٌّ.

من أين نبدأ بها جميعًا؟

كيف أتعامل مع علاقتي مع ابني؟

أيُّ نوع من الأخوات يجب أن أكون؟

كيف يفترض بي أن أتعامل مع أمر العلاقات العاطفيَّة بعد أن أصبحتُ مؤمنة؟

والأهمُّ من ذلك، هل للكتاب المُقدَّس أيُّ شيء ذي صلة بالأمر ليقوله؟

هذا السؤال الأخير هو سبب قراءتنا لهذا الكتاب. ففيه، نبدأ في التفكير فيما يقوله الكتاب المُقدَّس عن العلاقات وكيف نتعامل معها بوصفنا مسيحيِّين.

لنكُنْ صُرحاء ونقول الحقيقة من البداية: لقد تحطَّمتْ جميع علاقاتنا! قد تقول: «هذا أمر في منتهى القسوة». لكنَّها حقيقة لا يمكننا إنكارها. قد تكون علاقات جيِّدة، لكنَّها ليست مثاليَّة بأيِّ شكل من الأشكال.

تَوَقَّف

فقط فكِّرْ في الأمر لثانية وأنت تفكِّر في علاقاتك الخاصَّة. اختر علاقة واحدة. ما هي نقاط القوَّة والضعف فيها؟

قد نكون أفضل الآباء وأحبَّ الأزواج الذين يمكن لأيِّ شخص أن يكونهم، لكنَّنا لسنا مثاليِّين، وكذلك علاقاتنا. أنت تخطئ، وهم يخطئون. كلُّنا نخطئ.

إذًا، أيـن هـو مكمـن الخطـأ، وكيـف مـن المُفتـرض أن تبـدو علاقاتنـا؟

في البداية، وضع الله أربع علاقات أساسيَّة لكلِّ شخص.

علاقتنا به.

علاقتنا مع أنفسنا.

علاقتنا بالآخرين.

علاقتنا مع الخليقة – العالم من حولنا.

لكلٍّ من هذه العلاقات هدفه الخاص.

تَوَقَّف

في رأيك، ما هو الهدف من كلّ علاقة؟

- الله؟
- نفسي؟
- الآخرون؟
- العالم من حولي؟

فـي علاقتنـا مـع **الله**، مـن المُفتـرض أن نُمجِّده. لقـد تحدَّثنـا عـن هـذا كثيـرًا فـي الكتـاب السـادس: **الشـخصيَّة**.[١] علينـا أن نُمثِّـل الله، وعندمـا ينظـر النـاس إلـى حياتنـا، يجـب أن يتعرَّفـوا علـى الله مـن خلالنـا.

[١] شارون ديكنز. الشخصية: كيف أتغير؟ (القاهرة: ذهن جديد، ٢٠٢١)

الأمر بسيط، أليس كذلك؟ لقد أتقنَّا هذا الأمر! لا؟ وأنا كذلك. على الأقلّ ليس في كلّ وقت.

نحن لا نساعد **أنفسنا**. نحن نخطئ، وأنا لا أتحدَّث فقط عن تناول كوب الآيس كريم أمام التلفاز. لدينا هذه الرغبة في الجري نحو الأشياء الضارَّة والهرب ممَّا ينفعنا. نحن أكبر المؤثِّرين، وغالبًا ما لا نملك تأثيرًا جيِّدًا.

«بِكُلِّ تَوَاضُعٍ وَوَدَاعَةٍ وَبِطُولِ أَنَاةٍ، مُحْتَمِلِينَ بَعْضُكُمْ بَعْضًا فِي ٱلْمَحَبَّةِ. مُجْتَهِدِينَ أَنْ تَحْفَظُوا وَحْدَانِيَّةَ ٱلرُّوحِ بِرِبَاطِ ٱلسَّلَامِ». (أفسس ٤: ٢-٣)

في **أفسس ٤: ٢-٣**، يصف بولس الشكل الذي يجب أن تبدو عليه علاقتنا **بالآخرين**. يجب أن نكون متواضعين، لطفاء وودعاء، صبورين، وفوق كلّ ذلك، علينا أن نتحمَّل بعضنا البعض في محبَّة. الآن، قد نتمكَّن من تحقيق ذلك لبعض الوقت، ولكن ليس دائمًا، وبالتأكيد ليس مع الجميع. قد لا نرغب في التفكير في العلاقة التالية لأنَّنا نعرف إلى أين تتَّجه هذه العلاقة.

في علاقتنا **بالعالم من حولنا**، من المُفترض أن نعتني بالخليقة ونستخدم الموارد التي توفِّرها لنا جيِّدًا. يجب ألَّا نستخدم مبيدات حشريَّة، أو نقوم بتكديس القمامة؛ وأن نقوم دائمًا بإعادة التدوير وشراء المواد العضويَّة فقط؛ وألاَّ نشتري أبدًا أشياءَ تمَّ اختبارها على الحيوانات. علينا أن نأكل اللحوم من المزارع المعتمدة؛ وأن نفكِّر في بصمتنا الكربونيَّة؛ فلا نهدر ملابسنا، بل ننسج أقمشتنا بأنفسنا ونخيِّط ملابسنا (المصنوعة من ألياف طبيعيَّة مُستدامة بالطبع).

حسنًا، قد يبدو أنَّني أمزح بعضَ الشيء، لكنَّك حصلتَ على وجهة نظري. علينا أن نكون رُعاة صالحين لخليقة الله.

تَوَقَّف

إذًا، ما الخطأ الذي حدث؟ لماذا تعتقد أنَّنا سيِّئون للغاية في تلك العلاقات الأربعة؟

يمكننا أن نخدع أنفسنا بالاعتقاد بأنَّنا نحطِّم مكوِّنات هذه العلاقة، ولكن المشكلة هي أنَّ العديد من علاقاتنا هذه الأيَّام هي من مسافة آمنة من صفحة فيس بوك (Facebook) أو سناب شات (Snapchat) أو رسالة نصِّيَّة. نجد هذه الأنواع من العلاقات أسهل في إدارتها. لكن عندما نفكِّر في العلاقات الأقرب إلى بيوتنا وقلوبنا، مع أشخاص يتعيَّن علينا العيش والعمل معهم، فإنَّنا نعلم أنَّ الخطيَّة لن تستغرق وقتًا طويلًا قبل أن ترفع رأسها القبيح ويكون لها تأثير. تتحوَّل الإساءات الصغيرة فجأة إلى مخالفات كبرى، ونحن ممتلئون بالغضب. إنَّ سوء الفهم البسيط يلقي بظلاله على التقدير المتبادل الذي كان لدينا فيما مضى لبعضنا البعض. وإذا لم نتوخ الحذر، فإنَّ أفضل أصدقائنا يمرُّون بنا في الشارع ويتصرَّفون وكأنَّهم لا يعرفوننا حتَّى.

عندما عصى آدم وحواء الله في جنَّة عدن، دخلت الخطيَّة العالم – وكان لهذا تأثير دائم علينا. لقد حطَّمتْ هذه العلاقات التأسيسيَّة الأربعة.

«بَلْ آثَامُكُمْ صَارَتْ فَاصِلَةً بَيْنَكُمْ وَبَيْنَ إِلَهِكُمْ، وَخَطَايَاكُمْ سَتَرَتْ وَجْهَهُ عَنْكُمْ حَتَّى لَا يَسْمَعَ». (إشعياء ٥٩: ٢)

نحـن أنـاس معيبـون وخطـاة ومنكسـرون، وفـي معظـم الأحيان، مخدوعـون بأنفسـنا وعميـان عـن خطايانـا. نحـن نخـدع أنفسـنا لنفكِّر في أنَّنـا نقوم بعمل جيِّد. نقول لأنفسنا إنَّ علاقاتنا ليسـت بهـذا السـوء. ولكـن، هـذا ليـس صحيحًـا.

في كثيـر مـن الأحيـان، يكشـف تواجدنـا فـي علاقـات عـن أسـوأ مـا فينـا. الحقيقـة المُحزنـة هـي أنَّـه كلَّمـا توطَّـدتْ العلاقـة، كلَّمـا ملنـا إلـى أن نكـون أسـوأ. هـذا عندمـا نحصـل علـى لمحـة عـن حقيقتنـا. وهي في معظم الأحيان، ليستْ جميلة.

أنـا أدرك أنَّ العلاقـات ليسـتْ كلُّهـا دموعًـا ونوبـات غضـب. فـي الواقـع، يمكـن أن تكـون مذهلـة ومُمتعـة ومُحبَّـة. لكـن كلُّ علاقـة تواجـه صعوبـات، وأنـا أعلـم أنَّـه كانـتْ هنـاك أوقـات كنَّـا نفكِّر فيهـا جميعًـا قائليـن: «لقـد اكتفيـتُ؛ لـم أعُـد بحاجـة إلـى هـذه المتاعب بعد الآن!» ومـع ذلـك، وعلـى الرغـم مـن هـذا، يسـتخدم الله علاقاتنـا. إنَّـه يستخدمها لمساعدتنا على التغيير والنموِّ.

🔵 توضيح

عندمـا يريـد الحـدَّاد تشـكيل المعـدن، فإنَّـه يقـوم بتسـخينه في الفـرن، ويضربـه بمِطرقـة، ويسخِّنه أكثـر، وبعـد ذلـك، عندمـا يكـون سـاخنًا ومَرنًـا، يصوغـه بالشـكل الـذي يريـده. بـدون الحـرارة الشـديدة، لا يمكـن تشـكيل المعـدن. يسـتخدم الله علاقاتنـا كمـا يسـتخدم الحـدَّاد النـار. لا يوجـد أحـد منَّـا يرتبـط بالجميـع بشـكلٍ مثالـي. تتشـكَّل علاقاتنـا فـي أثنـاء تشـكيل وصياغـة جهادنـا اليوميِّ.

«مِنْ أَيْنَ ٱلْحُرُوبُ وَٱلْخُصُومَاتُ بَيْنَكُمْ؟ أَلَيْسَتْ مِنْ هُنَا: مِنْ لَذَّاتِكُمُ ٱلْمُحَارِبَةِ فِي أَعْضَائِكُمْ؟ تَشْتَهُونَ وَلَسْتُمْ تَمْتَلِكُونَ. تَقْتُلُونَ وَتَحْسِدُونَ وَلَسْتُمْ تَقْدِرُونَ أَنْ تَنَالُوا. تُخَاصِمُونَ وَتُحَارِبُونَ وَلَسْتُمْ تَمْتَلِكُونَ، لِأَنَّكُمْ لَا تَطْلُبُونَ. تَطْلُبُونَ وَلَسْتُمْ تَأْخُذُونَ، لِأَنَّكُمْ تَطْلُبُونَ رَدِيًّا لِكَيْ تُنْفِقُوا فِي لَذَّاتِكُمْ». (يعقوب ٤: ١-٣)

لا يعبث يعقوب في هذا النصّ، بل هو يصل مباشرة إلى النقطة عندما يقول إنَّ المعارك والمشاجرات سببها رغباتنا، وشهواتنا. نريد شيئًا لا نحصل عليه: الاحترام، العدالة، الإنصات، القوَّة، الاهتمام، أيًّا كان. وإذا لم نحصل على ما نريد، فإنَّنا ننطلق في الغضب بطريقةٍ ما.

تَوَقَّف

ما هو الشيء الذي يثير غضبك دائمًا؟ ما الذي تريده ولا تحصل عليه؟

كتبَ آر تي. كيندال (R.T. Kendall) كتابًا بعنوان «**طريق الحكمة**» (The Way of Wisdom). يقول فيه، إنَّ ما نراه في يعقوب ٤ «مسيحيِّين لم يتعاملوا حقًّا مع أنفسهم، أو ضغائنهم، أو غيرتهم، أو قلوبهم، أو شهواتهم، بل كانوا يلومون الظروف الخارجيَّة على مشاكلهم أو على بعضهم البعض».[2] بعبارة أخرى، لم يكونوا ينظرون إلى أنفسهم أبدًا. ويضيف أنَّه في كنائسنا، وفي قلوبنا، يمكن إرجاع الخلافات إلى فشلنا في وضع عواطفنا على الأشياء المذكورة أعلاه:

[2] R. T. Kendall, *The Way of Wisdom: Patience in Waiting on God; Sermons on James 4–5* (The New Westminster Pulpit Series; Carlisle: Paternoster, 2005), p. 6.

أي المسيح. في الأساس، يقول إنَّه في كثير من الأحيان تنظر أعيننا في الاتِّجاه الخاطئ. كثيرًا ما ننظر إلى أنفسنا وليس إلى الربِّ. يمضي آر. تي. كيندال في التفكير في أنَّه من المُمكن أن تكون «**جيِّد أخلاقيًّا من الخارج**»، و«**مُتمرِّدًا، فاسدًا من الداخل**»[٣]؛ يشبه الأمر الحذاءَ اللامع تمامًا من الخارج، لكنَّه كريه الرائحة حتَّى النخاع من الداخل. يقول كيندال إنَّ الشيطان لا يهتمُّ بمدى سمو أخلاقنا إذا كان بإمكانه أن يبقينا مُمزَّقين في الداخل.

أسمعك تقول: «حسنًا، أعلم أنَّني لستُ مثاليًّا، لكنَّني لستُ سيِّئًا مثلهم؛ هل رأيتَ كيف يتصرَّفون؟» نودُّ أن نعتقد أنَّنا لسنا سيِّئين مثل الآخرين. لا نريد أن ننظر إلى تعفُّننا أو الاعتراف به. بدلًا من ذلك، نقوم بإلهاء أنفسنا بالتركيز على شخص آخر. بعد كلِّ شيء، هناك دائمًا شخصٌ ما يكون سلوكه أسوأ من سلوكنا.

بايدي

كانت بايدي جالسة على طاولة المطبخ مع شون. كانت تتناول العشاء. «سيأتي ويلي لاحقًا يا شون. سيكون من الرائع لو بقيتَ وألقيت عليه التحيَّة على الأقلِّ». نظر إليها شون قائلًا: «من المستحيل أن أبقى في المنزل إذا جاء. إنَّه ذو وجهين ويحتاج إلى ركلة جيِّدة! لا يستطيع أن يبعد أنفه عن عملي. إنَّه يعتقد أنَّه أفضل منِّي الآن وهو في الكليَّة. يعتقد أنَّه مُميَّز. ينسى أنَّني أعرف من هو. أنا أعرف الأمور التي قام بها. إنَّه ليس الملاك الصغير الذي تحبِّين أن تفكِّري فيه يا أمي. ليست لديَّ أيَّة علاقة

[3] Kendall, *The Way of Wisdom*, p. 3.

بـه». صُدمت بايدي. لقد سمعتْ شون صاخبًا بشأن ويلي مرَّاتٍ عديدة، لكن هذا كان شيئًا آخر.

مشكلة شون أنَّه لا يدرك أنَّه جزءٌ من المشكلة. إنَّه يجلس على الطاولة مع والدته يفكِّر في نفسه: «ربَّما أكون سيِّئًا، لكنَّني لستُ سيِّئًا مثل ويلي». إنَّه مثل الأشخاص الذين يقولون: «قد أكون سيِّئًا، لكنَّني على الأقلِّ لستُ سيِّئًا ورديئًا مثل المتحرِّش بالأطفال أو المُغتصب أو المرأة التي تضرب أطفالها». نحن مثل شون، بدلًا من النظر إلى قلوبنا، نشير بإصبع الاتِّهام إلى شخص آخر.

ولكن ماذا عن الأوقات التي يؤلمنا فيها شخصٌ ما حقًّا؟ بالتأكيد هم مخطئون بنسبة ١٠٠٪، أليس كذلك؟ أعلم أنَّه من الصعب سماع ذلك، لكن علينا أن نحترس لئلَّا ننغمس في التدمير الخاطئ أيضًا. قد يتصرَّف شخصٌ ما بشكل سيِّئ حقًّا تجاهنا، لكن هذا لا يعطينا الحقَّ في أن نكون مُرعبين في ردود أفعالنا. علينا أن ننتبه ألَّا نخطئ بردَّة فعلنا نحن أنفسنا فنرتكب خطيَّة. كما يكتب بولس في أفسس ٤: ٢٦: «**اِغْضَبُوا وَلَا تُخْطِئُوا**».

هذه حقيقة يصعب على الكثير منَّا قبولها لأنَّنا عانينا كثيرًا على أيدي المسيئين والزناة والكذَّابين ومروجي الشائعات. بالطبع هذه الأشياء مظلمة وبشعة وأنا لا أقلِّل من جدِّيَّتها. ولا يُنقص منها الربُّ

أيضًا. كلُّ مُتحرِّش بالأطفال وكلُّ مغتصب سوف يُعطي حسابًا أمام الربِّ على ما فعله. لكن – وهذا هو الموضع الذي يصبح فيه الأمرُ صعبًا – لا يمكننا السماح لأنفسنا باستخدام ما حدث لنا، أو ما يحدث لنا، كذريعة لسلوكنا الخاطئ.

تَوَقَّف

هل تعتقد أن الأشخاص سيفلتون من الأمر إن لم تعاقبهم على الأخطاء التي ارتكبوها في حقّك؟

بايدي

كنتَ جالسًا أمام التلفاز، تستمتع بفنجان من الشاي، عندما سمعت صوت جرس الباب. وحين فتحت الباب، وجدت بايدي واقفة على عتبة بابك. من الواضح أنَّها كانت تبكي. فقمت بدعوتها، وجهَّزت الغلاية، وبدأت في إخبارك بالقصَّة: «شون سرقني! لا أستطيع أن أصدِّق أنَّه قد يفعل ذلك، لقد سرق والدته».

كما أنَّها دخلت في جدالٍ آخر مع ويلي بشأن شون. في منتصف شجارهما، أخبرها ويلي عن سبب غضبه الشديد من أخيه. لقد كان يأخذ ما أحضرته نانا من السوق من الباب الخلفي، وأمسك بشون يسرق خاتم خطوبتها ومعاشها التقاعديَّ. حاول شون إنكارَ ذلك، لكن ويلي أمسك به. لذلك ضربه ويلي بشكلٍ شديد. توسَّل إليه شون ألاَّ يخبرني وأقسم أنَّه لن يفعل ذلك مرَّة أخرى.

كان هذا قبل أسبوع من وفاة نانا، ويقسم ويلي أنَّ شون تسبَّب في إصابتها بنوبة قلبيَّة. «في الواقع ما زلتُ لا أصدِّق أنَّه قد يفعل ذلك؛ لقد أحبَّ نانا. حتَّى بول يعلم بالأمر. الجميع يعرف، إلاَّ أنا. طوال هذا الوقت كنتُ أعتقد أنَّ الصراع بينهما انتهى على فتاة أحبَّها كلاهما. راح شون يقسم بأغلظ القسم، أنَّه لم يفعل ذلك. وقال إنَّ ويلي يكذب. وصار ويلي غاضبًا منِّي لأنَّني لم أطرد شون. حتَّى بعد كلِّ شيء لا يمكنني طرده. أنا أحبُّه، لا يمكنني جعله بلا مأوى. لذلك، هاج ويلي وماج وقال إنَّه كان يقوم بحمايتي. أعلم أنَّ هذا ليس شون، إنَّها المخدِّرات. لقد أحبَّ نانا، أنا فقط لا أعرف ماذا أفعل. أحاول أن أثق بيسوع، لكن هذا لا يجعل الأمر أسهل. لم يكن هذا ليحدث لو كان تشارلي هنا. أريد فقط أن يمضي كلُّ شيء ويعود إلى طبيعته. لا أستطيع تحمُّل كلِّ هذا الصراع».

اعتقد معظمنا أنَّ ويلي على حقٍّ. شون هو فأرٌ سارق ويحتاج إلى التأديب. صحيح أنَّ الصبي يحتاج إلى ركلة سريعة (ويحتاج إلى يسوع). حتَّى بعد بدايات غضب ويلي المتفجِّر، كان يغلي بهدوء تحت السطح، فهو يكره شقيقه، ويواجهه في كلِّ فرصة تسنح له. كان مخطَّطه عندما يتعلَّق الأمر بشون هو فصله عن حياته. لقد أمضتْ بايدي الكثير من حياتها في التماس الأعذار لسلوك أولادها وإعفائهم، لدرجة أنَّهم لم يتحمَّلوا المسؤوليَّة عن أيِّ شيء. لا تستطيع مواجهة الحقيقة. لا يمكنها مواجهة اتِّخاذ قرار صعب. إنَّها تريد فقط حياة سهلة؛ ليعود كلُّ شيء إلى طبيعته، مهما كان.

لسوء الحظِّ، اكتشفت بايدي الطريقة الصعبة التي توضِّح أنَّ كونك مسيحيًّا، لا يعني أن تختفي مشاكلنا. في الواقع، عليها أن تتعلَّم أنَّ الله يستخدم هذه المواقف الصعبة لتغييرنا.

«وَلِهَـذَا عَيْنِـهِ - وَأَنْتُـمْ بَاذِلُـونَ كُلَّ ٱجْتِهَـادٍ - قَدِّمُـوا فِـي إِيمَانِكُـمْ فَضِيلَـةً، وَفِـي ٱلْفَضِيلَـةِ مَعْرِفَـةً، وَفِـي ٱلْمَعْرِفَـةِ تَعَفُّفًـا، وَفِـي ٱلتَّعَفُّـفِ صَبْـرًا، وَفِـي ٱلصَّبْـرِ تَقْـوَى، وَفِـي ٱلتَّقْـوَى مَـوَدَّةً أَخَوِيَّـةً، وَفِـي ٱلْمَـوَدَّةِ ٱلْأَخَوِيَّـةِ مَحَبَّـةً. لِأَنَّ هَـذِهِ إِذَا كَانَـتْ فِيكُـمْ وَكَثُـرَتْ، تُصَيِّرُكُـمْ لَا مُتَكَاسِلِينَ وَلَا غَيْـرَ مُثْمِرِيـنَ لِمَعْرِفَـةِ رَبِّنَـا يَسُـوعَ ٱلْمَسِـيحِ». (٢ بطـرس ١: ٥-٨)

«**بَاذِلُـونَ كُلَّ اجْتِهَـادٍ**» كمـا ورد فـي الآيـة ٥. دعونـا لا ننخـدع. إنَّ العلاقات تتطلَّب العملَ الجاد؛

- حتَّى عندما نكون مؤمنين،

ربَّما خاصَّةً عندما نكون مؤمنين.

ليـس الأمـر كمـا لـو أن الله ينثـر بعـض الغُبـار الخيالـيِّ السـحريِّ فوقنـا ونصبـح جميعًـا أناسًـا رائعيـن بيـن عشـيَّةٍ وضُحاهـا. بوصفنـا مؤمنيـن، فقـد حطَّـم يسـوع سـيطرة الخطيَّـة علينـا. مـن خـلال الإيمـان بـه، تحرَّرنـا. لكـن - وهـذه «لكـن» كبيـرة - **تظلُّ طبيعتنـا الخاطئـة القديمـة، التـي نطلـق عليهـا أحيانًـا «الـذات العتيقـة»، تجاهـد جهـادًا حقيقيًّـا.** نـرى هـذه المعركـة تلعبُ دورهـا فـي كيفيَّـة تعاملنـا مـع علاقاتنـا.

تريـد الـذات العتيقـة اسـتخدام كلماتنـا كسـلاح شـرِّير بـدلًا مـن التحدُّث بكلمـات التشـجيع أو السـلام أو حتَّـى الصمـت. تريـد الـذات العتيقة التمسُّك بالمـرارة والأحقـاد بـدلًا مـن مُسـامحة الظلـم. عندمـا نرفـض فرصـة المُسـامحة أو طلـب المَغفـرة، تتألَّـم علاقاتنـا. العلاقـات صعبـة، ومـع ذلـك، فـإنَّ الله يطلـب منَّـا أن نكـون **مُتمثِّليـن بيسـوع** فـي خِضَـم الصراعـات.

الآن هذا أمر في غاية الصعوبة! لا تتعلَّق علاقاتنا بنا، بل تتعلَّق بكيفيَّة الاقتداء بيسوع فيها.

لكي تتمكَّن من القيام بذلك بشكل فعَّال، ستحتاج بايدي إلى مساعدة لتركيز عينيها على المسيح، والاعتماد عليه، ومقاومة إغراء التبرير أو الاختباء من خطيَّتها. قد لا يكون لديها القوَّة للقيام بذلك بمفردها – ولكن لحُسن الحظِّ، ليس عليها ذلك. بالنسبة للمسيحيِّ، يمكننا أن نتطلَّع إلى يسوع للحصول على المُساعدة للتغيير من الداخل إلى الخارج، والاعتماد عليه، ومقاومة إغراء الاستسلام للذات العتيقة.

وبصفتك مؤمنًا جديدًا، قد يكون من الصعب الاقتداء بالمسيح عندما لا نزال نحاول معرفة من هو. دعونا نواجه الأمر، نحن جديدون على هذه البهجة المسيحيَّة المُقتدرة ولسنا مُتأكِّدين تمامًا من كيفيَّة عملها. هذا هو السبب في أنَّه من المُفيد العثور على مؤمنين أتقياء وناضجين من الكنيسة ليكونوا قدوة لنا بيسوع. لحُسن الحظِّ، لدى بايدي مُنى (Mona) لمساعدتها على معرفة ما يقوله الكتاب المُقدَّس حول ما يحدث في حياتها.

النقطة المفتاحيَّة

كلُّ علاقاتنا هي، بشكل أو بآخر، محطَّمة. أنت تخطئ، كلُّنا نخطئ. لكن، بصفتنا مسيحيِّين، يريد الله استخدام هذه العلاقات ليغيِّرنا وليساعدنا أن نتَّخذ يسوع نموذجًا.

آيات للحفظ

«ٱللهُ لَنَا مَلْجَأٌ وَقُوَّةٌ. عَوْنًا فِي ٱلضِّيْقَاتِ وُجِدَ شَدِيدًا. لِذَلِكَ لَا نَخْشَى». (مزمور ٤٦: ١-٢أ)

مُلخَّص

نلتمس لأنفسنا الأعذار، نبرِّر، نتظاهر أنَّنا لسنا بنفس سوء الشخص الآخر. نظنُّ أنَّنا عظماء في العلاقات، لكنَّنا سرًّا، لنا أجنداتنا التي تختفي في الخلفيَّة. وفي معظم الوقت، فإنَّنا نرغب في حياة سهلة بطريقتنا. فإن أمعنَّا النظر بتدقيق وأمانة داخل أنفسنا، لوجدنا أنَّنا حتَّى لسنا ظلًّا لصورة يسوع، هذا بخلاف أنَّنا لسنا متمثِّلين به.

ما المقصود؟

من الصعب
أن نكون مسيحيِّين
ونحتاج
إلى المساعدة
لفهم حياتنا
الجديدة.

٢- المُساءلة
(واحد لواحد)

من المفيد أن يكون لدينا مسيحيٌّ ناضج يعرف الكتاب المُقدَّس جيِّدًا لمساعدتنا. إنَّ علاقات مثل هذه هي علاقات حيويَّة. يمكن أن يطلق عليها أشياء كثيرة: علاقة تلمذة، أو مرشد، أو مساءلة شخص لشخص أو علاقة مع شريك. مهما نسمِّيها، تساعدنا هذه العلاقات في أن نلاحظ متى تنطلق أجنداتنا في الخلفيَّة، كما فكَّرنا في الفصل الأوَّل. إنَّها تساعدنا في إلقاء نظرة صادقة على أنفسنا حتَّى ندرك كيف يمكننا أن نقتدي بالمسيح. سوف تعيننا في الإبحار في الكتاب المُقدَّس، ومعرفة من هو يسوع، ومساعدتنا في تطبيق كلمته على حياتنا. يجب أن يكون هذا الشخص مسيحيًّا تقيًّا وناضجًا ومحنَّكًا. نحن بحاجة إلى أكثر من مجرَّد صديق لنا لتوه صار مؤمنًا منذ خمس دقائق – سيكون هو الأعمى الذي يقود أعمى.

تَوَقَّف

كيف تعتقد أنَّك ستنجح في الإبحار في الإيمان المسيحيّ دون أن يساعدك أحد؟

 بايدي

كانت بايدي جالسة مع مُنى في المقهى. قالت بايدي: «لقد تقابلتُ مع ماي في ذلك اليوم. كانتْ في طريقها

للقاء شريكتها في المساءلة، لين. سألتني ماي من هو شريك المساءلة الخاص بي. لم أكن أعرف ما الذي كانت تتحدَّث عنه، وعندما بدأت تتحدَّث لي بدا الأمر غريبًا. فالناس يطرحون عليك أسئلة ليس لديهم الحقُّ فيها. فهم فقط يفعلون ذلك بدافع الفضول». في هذه المرحلة بدأتْ منى تضحك، ثمَّ قالتْ: «هل تتذكَّرين عندما كان الأطفال صغارًا؟ هل قُمتِ بتعليمهم يومًا كيف يخبزون الكعكات؟ لقد كانت واحدة من الأشياء المفضَّلة لديَّ مع الأطفال، وهي خَبز الكعك ومشاهدتهم يتشاجرون على من يلعق الوعاء».

ابتسمت بايدي قبل أن تردَّ: «نعم، كانت تلك الأيام التي لا يزالون فيها يحبُّون بعضهم البعض»، ثم أكملت ضاحكة: «أحبَّ ويلي دائمًا طلاء الكعك بالآيس كريم. أنا متأكِّدة من أنَّه، في معظم الأحيان، قد أكل الآيس كريم في فمه أكثر من وضعه على الكعك».

وإذ توقَّفتا لبضع ثوان، ضحكتْ السيِّدتان وهما تحتسيان الشاي. تابعتْ منى: «لكنِّي أرى أنَّك أوضحت لهم كيفيَّة صنع تلك الكعكة. لم تكوني تتوقَّعين منهم فقط أن يعملوا على حلِّ المشكلة بأنفسهم. من المحتمل أنَّك حصلتي على كتاب الوصفات، وأوضحتي لهم كيفيَّة قياس كلِّ شيء، وضرب الخليط، وطي الدقيق. هل يمكنك أن تتخيَّلي كيف كان سيبدو شكل الكعك إذا لم ترشديهم وتعلِّميهم كيف يعدُّونه؟ يشبه وجود شريك للمُساءلة ذلك إلى حدٍّ ما. إنَّه مجرَّد مؤمن أقدم وناضج يعلِّم مؤمنًا أصغر سنًّا ما يقوله الكتاب المُقدَّس عن الحياة. إنَّه يساعده على المضيِّ قدمًا في ذلك؛ يشبه الأمر وجود شخص يطرح الأسئلة الصعبة عنه، بينما يوجِّهك أيضًا في الاتِّجاه الصحيح».

تَوَقَّف

هـل لديـك علاقـة كهـذه؟ إذا كان الأمـر كذلـك، مـا مـدى فائـدة هـذه العلاقـة بالنسـبة لـك، خاصّـة فـي الأيـام الأولـى لكونـك مؤمنًـا؟ إذا لـم تكـن كذلـك، فلمـاذا لا؟

لكـي أكـون صادقًـا، لا يحتـوي الكتـاب المُقـدَّس فـي الواقـع علـى آيـة يمكنـني الإشـارة إليهـا والتـي تقـول تحديـدًا إنَّـك بحاجـة إلـى علاقـة شـريك مُسـاءلة معيَّـن. ولكـن، هنـاك بعـض المبـادئ التـي تقـول فـي الأسـاس إنَّـه مـن الجيِّـد للمسـيحيِّين الكبـار والناضجيـن تعليـم وإظهـار كيفيَّـة نمـو المسـيحيِّين الناضجيـن للصغـار، لتعليمهـم اتِّبـاع المسـيح تمامًـا كمـا ذكرنـا فـي الكتـاب السـادس مـن سلسـلة الخطـوات الأولـى[١] عندمـا تحدَّثنـا عـن وجـود شخصيَّـة مسـيحيَّة متمكِّنة.

🔑 «كَذَلِكَ ٱلْعَجَائِزُ: فِي سِيرَةٍ تَلِيقُ بِٱلْقَدَاسَةِ، غَيْرَ ثَالِبَاتٍ، غَيْرَ مُسْتَعْبَدَاتٍ لِلْخَمْرِ ٱلْكَثِيرِ، مُعَلِّمَاتٍ ٱلصَّلَاحَ، لِكَيْ يَنْصَحْنَ ٱلْحَدَثَاتِ أَنْ يَكُنَّ مُحِبَّاتٍ لِرِجَالِهِنَّ وَيُحْبِبْنَ أَوْلَادَهُنَّ، مُتَعَقِّلَاتٍ، عَفِيفَاتٍ، مُلَازِمَاتٍ بُيُوتَهُنَّ، صَالِحَاتٍ، خَاضِعَاتٍ لِرِجَالِهِنَّ، لِكَيْ لَا يُجَدَّفَ عَلَى كَلِمَةِ ٱللهِ». (تيطس ٢: ٣-٥)

تَوَقَّف

مـاذا يقـول تيطـس تحديـدًا للمسـيحيّ الأكبـر سـنًّا والناضـج أن يفعـل للصغـار؟ ومـاذا يبـدو أنَّـه الهـدف مـن التدريـب بأكملـه؟

يمكـن أن يكـون لدينـا بعـض الأفـكار الصحيحـة الغامضـة حـول شـكل المؤمـن؛ كيـف نعتقـد أنَّـه مـن المفتـرض أن يكـون

---

[١] ديكنز. الشخصية: كيف أتغير؟

سلوكنا،

وملابسنا،

وحديثنا.

بعض الأفكار التي لدينا في رؤوسنا خاطئة تمامًا وتحتاج إلى إعادة التفكير.

عندما كنتُ شابَّة مؤمنة، قيل لي الكثير من الحماقات غير المفيدة عن الكتاب المُقدَّس، ويسوع، والشياطين، والروح القدس. لأكون صادقة، لقد أفسدتْ رأسي قليلًا. في البداية، اعتقدتُ أنَّ كلَّ ما قاله لي الناس كان صحيحًا لمجرَّد أنَّهم كانوا مؤمنين لفترة أطول منِّي. لحسن الحظِّ، ساعدتني مؤمنة أكبر سنًّا وناضجة في فهم ما قاله الكتاب المُقدَّس بالفعل. لقد ساعدتني بصبر في تفكيك كلِّ الخرافات والأساطير، وعلَّمتني ما هو صحيح. كانت صوتًا جيِّدًا.

تَوَقَّف

ما الذي قيل لك من هُراء، وأنت لستَ متأكّدًا تمامًا من صحَّته؟

عندما نكون شبابًا مؤمنين، يمكننا أن نعتقد خطأً أنَّ كلَّ شخص أكبر سنًّا في الإيمان يجب أن يعرف كلَّ شيء. قد يصدمك هذا، ولكن ليس كلُّ من كان مؤمنًا لسنوات هو ناضج وحكيم.

قد يبدون كذلك في الظاهر، ولكن إذا نظرتَ عن كثب، يمكنك أن ترى بوضوح أنَّهم ليسوا مثالًا رائعًا أو سفراء ليسوع.

قد يكونون قادرين على نطق الكثير من الكلمات التي تبدو كتابيَّة، لكنَّك تبدأ في ملاحظة أنَّهم لا يأخذونها على محمل الجدِّ؛ لا يبدو أنَّهم يطبِّقون الكتاب المُقدَّس على حياتهم.

قد يكونون من كبار السنِّ، وربَّما كانوا مؤمنين لمدَّة عشرين عامًا، لكنَّهم لم يكبروا في إيمانهم ولم ينضجوا.

يجب عليك أن تتجنَّب هذا النوع من المسيحيِّين عندما يتعلَّق الأمر بشريك المساءلة. إذا كانوا لا ينمون في إيمانهم، فكيف يمكنهم مساعدتك على النموِّ في عقيدتك؟

بايدي

بدأت بايدي الذهاب إلى دراسة الكتاب المُقدَّس مساء الأربعاء. شعرت بالارتباك قليلًا في البداية. يبدو أنَّهم جميعًا يعرفون أكثر منها بكثير. وجدت ميز يشرح الكتاب المُقدَّس بطريقة يمكن لها أن تفهمها، ولكن على الرغم من أنَّ لديها أسئلة، فهي لم تكن شجاعة بما يكفي لتقولها بصوت عالٍ. في الأسبوعين الماضيين، عادت بايدي إلى المنزل مع فلورا وتحدَّثتا عمَّا تعلَّمتاه في تلك الليلة. كانت بايدي قد شاهدت فلورا وهي تقوم بتلك الحركات المُقدَّسة التي كان يقوم بها المسيحيُّون في ترانيم صباح الأحد. كما أنَّها صلَّت صلوات كبيرة ومطوَّلة ببعض كلمات الكتاب المُقدَّس الرائعة. من الواضح أنَّها تعرف الكثير. في بعض الأحيان، على الرغم من ذلك، كانت فلورا تربك بايدي. بدت واثقة من نفسها حقًّا وتعرف الكثير، لكن كان

> الأمر كما لو كانت تقول أحيانًا شيئًا مختلفًا قليلًا عمَّا سمعوه في الدراسة. اعتقدتْ بايدي أنَّها كانت مجرَّد حمقاء بعض الشيء.

كانت هذه الليلة صعبة، كان ميز يتحدَّث عن الغفران ووحدة المؤمنين. طرحتْ فلورا الكثير من الأسئلة، وفي وقت ما كانتْ تتجادل مع ميز حول شيء قاله حتَّى أسكتها ومضى قدمًا. ولم تكن مسرورة على الإطلاق. يمكنك أن ترى ذلك مكتوبًا على وجهها بشكلٍ واضح. كانت شديدة الغضب، ولم تصمت بشأن ذلك في طريق العودة إلى المنزل. «أنا لا أتَّفق مع كلِّ ما قاله الليلة. كيف يمكنك أن تسامح أحدًا إذا لم يطلب المغفرة أو اعترف بأنَّه أخطأ في حقِّك؟ إنَّهم بحاجة إلى التوبة أوَّلًا حتَّى تتمكَّن من مسامحتهم. أنا لستُ مقتنعة بأنَّ الاتِّحاد الروحيَّ يعني أنَّه يتعيَّن علينا قضاء الوقت معهم، لأنَّ الله واضح جدًّا بشأن أن '**ٱلْمُعَاشَرَاتِ ٱلرَّدِيَّةَ تُفْسِدُ ٱلْأَخْلَاقَ ٱلْجَيِّدَةَ**'.[٢] نحن بحاجة إلى أن نكون حكماء بشأن من نقضي وقتنا معه. أعني أنَّه ليس من المفترض حتَّى أن «نأكل مع الواشي»، فكيف عن الاتِّحاد معهم. العلاقة الوحيدة التي يجب أن ننتبه إليها هي علاقتنا الشخصيَّة مع يسوع؛ نحن متَّحدون به وحده. كلُّ شيء آخر هو مجرَّد إلهاء دنيويٍّ، ونحن بحاجة للتأكُّد من أنَّنا نحمي أنفسنا من التأثير غير المفيد».

في الظاهر، تبدو فلورا مسيحيَّة بالغة. لكن على الرغم من أنَّها تستخدم الكثير من العبارات الروحيَّة، فأنَّها كانت ظاهريَّة فقط. في بعض الأحيان الأشخاص الذين يتكلَّمون بأعلى وأقوى صوت ليسوا هم الذين يجب أن نستمع إليهم.

---

٢ ١ كورنثوس ١٥: ٣٣.

تَوَقَّف

مـن سـتقضي الوقـت معـه بصفتـه شـريكًا للمُسـاءلة: بايـدي، فلـورا، أم منـى؟ لمـاذا؟

تَوَقَّف

مـا رأيـك فـي شـكل المؤمـن الناضـج؟ مـا الـذي يجـب عليـك أن تبحـث عنـه؟ ضـع قائمـة بأهـمّ خمسـة أشـياء لديـك:

١.

٢.

٣.

٤.

٥.

يعـرف بعـض النـاس الكتـاب المُقـدَّس، لكنَّهـم فـي الواقـع ليسـوا مهتميـن بشـأن تطبيـق كلمـة الله فـي حياتهـم. هـؤلاء النـاس كلُّهـم معرفـة بـلا تطبيـق.

يبدو الأمر كما لو أنَّهم التقوا بيسوع، لكنهم في الواقع لا يعرفونه.

«لِأَنَّـهُ إِنْ كَانَ أَحَدٌ سَـامِعًا لِلْكَلِمَـةِ وَلَيْـسَ عَامِـلًا، فَذَاكَ يُشْـبِهُ رَجُـلًا نَاظِـرًا وَجْـهَ خِلْقَتِـهِ فِـي مِـرْآةٍ، فَإِنَّـهُ نَظَـرَ ذَاتَـهُ وَمَضَـى، وَلِلْوَقْـتِ نَسِـيَ مَـا هُـوَ». (يعقـوب ١: ٢٣-٢٤)

لا تفهمونـي خطـأً، أنـا لا أقـول إنَّ المؤمنيـن الناضجيـن مثاليُّـون ويعرفـون كلَّ شـيء. لكنَّـك تريـد أن تـرى:

شخصًا يسارع في طلب المغفرة،

شخصًا ينمو،

شخصًا يريد أن يجعل الله مركز حياته.

بايدي

يبدو من الطبيعيّ أن تلتقي منى مع بايدي لأنَّهما كانتا صديقتين منذ البداية. كانت شريكة منى في المساءلة – ميريام – هي التي أقنعتها بالتفكير في تلمذة بايدي. سألت منى ميريام: «ماذا لو سألتني سؤالًا صعبًا حقًّا لا يمكنني الإجابة عنه؟ ألا تعتقدي أنَّها ستكون أفضل معك؟ أنت تعرفين الكثير عن الكتاب المُقدَّس أكثر ممَّا أعرفه. كانت لتفضّلك». شجَّعت ميريام منى على التقدُّم والتحدُّث إلى بايدي. لحسن الحظّ، وافقت منى وتحدَّثت إلى بايدي في المرَّة التالية التي كانتا فيها معًا.

«بايدي، هل تتذكَّرين الأسبوع الآخر عندما التقيتِ بماي وكنَّا نتحدَّث عن وجود علاقة مع شريك أو رفيق للمُساءلة؟ حسنًا، كنت قد تساءلتُ عمَّا إذا كنتِ تتخيَّلين القيام بعمل رفيق المساءلة معي؟ أعني، أنا أراك مُعظم الأيام، لكن هذا يعني أنَّنا سندرس الكتاب المُقدَّس معًا ونطرح أسئلة المساءلة[3]؛ ما رأيك؟»

ظلَّت بايدي صامتة لفترة طويلة. في الواقع، أصبح الأمر محرجًا بعض الشيء هناك للحظة، لكنَّها قالت بعد ذلك: «أيُّ نوع

[3] 20schemes Women accountability questions are available by emailing <women@20schemes.com>.

من الأسئلة؟ سمعت سارة تتحدَّث الأسبوع الماضي عن كلير تسأل تلك الأسئلة، وكم كان الأمر مروِّعًا أن يسقط أحد في أيدي من يسألون تلك الأسئلة. لا أعتقد أنَّني أوافق على ذلك لأكون صريحة». كادت منى أن تستسلم، معتقدة أن ميريام ستكون بالتأكيد أفضل في الردِّ على هذا منها، لكنَّها قررت في النهاية أن تجرِّب الأمر. «حسنًا، لدى القادة قائمة الأسئلة هذه، وأنتِ محقَّة، بعضها صعب. ليس الأمر أنَّها صعبة لمجرَّد أنَّهم موجودون هناك لمساعدتنا على التفكير في كيفيَّة أدائنا روحيًّا، وأيضًا للتفكير في كيفيَّة استجابتنا للناس. يجعلونك تفكِّرين في الأمر برمَّته. في بعض الأحيان، يتعلَّق الأمر بأشياء صعبة قد لا ترغبين في مواجهتها، لكن يجب عليكِ ذلك. مثلًا، أحد الأسئلة هو: «هل هناك أيُّ شخص تحتاج إلى مسامحته أو طلب المغفرة منه؟» ٨٠٪ من الوقت، ليس هذا بالسؤال الصعب. ولكن في تلك الأوقات التي تكونين فيها مُحتدمة بخصوص شون أو تحدَّثتَي بقسوة مع ويلي، يصبح الأمر غير مريح لأنَّك تواجهين تحديًا في الإجابة. هل هذا منطقيٌّ؟»

تَوقَّف

هل هناك أيُّ شخص تحتاج إلى مسامحته أو طلب الغفران منه؟

تابعتْ منى: «في علاقتي بشريك المُساءلة، ندرس الكتاب المُقدَّس ثمَّ نفكِّر في كيفيَّة تطبيقنا لما كنَّا نتعلَّمه في حياتنا، ثمَّ نناقش الأسئلة». نظرت إليها بايدي وسألتها: «ما هي الأسئلة الأخرى؟»

دعونا نفكِّر في بعض أسئلة المساءلة التي ستطرحها مني على بايدي. كيف تجيب عنها؟

هل هناك خطيَّة تحبُّها كثيرًا حتي أنك لا تستطيع أن تتوب عنها؟

هل أدَّى استخدامك لوسائل التواصل الاجتماعيّ – الوقت الذي قضيته فيها وما نشرته – إلى تمجيد يسوع؟

ما الذي كان أهمَّ بالنسبة لك من الله في الأسبوع الماضي؟

لقد كان لديَّ شريك للمساءلة لأكثر من عقد من الزمان ويبدو الأمر طبيعيًّا وضروريًّا بالنسبة لي الآن. لكن لأكون صريحة، لم أشعر بهذا في البداية. كان هناك القليل منِّي الذي كان يفكِّر: «لا يمكن أن أشارك أعمق وأسوأ أسراري مع أيِّ شخص!» لقد شعرت بالغرابة. ثمَّ تحدَّثت مع نفسي.

إذا أردتُ حقًّا أن أنمو، إذا أردتُ أن يواجه قلبي تحدِّيًا، كان عليَّ أن أتقدَّم وأبذل مجهودًا واعيًا.

أريد أن أكون صادقة معك؛ استغرق الأمر وقتًا لتأسيس العلاقة. حتَّى مع الرغبة في أن أكون صادقة، وعندي إرادة للتغيير ورغبة في تقديم مثال جيِّد لمن حولي، فقد استغرق الأمر حوالي عامين قبل أن نجري محادثة مكشوفة وصادقة وبها انفتاح.

يستغرق بناء الثقة وقتًا، لكنَّه يستحقُّ الجهد المبذول.

لذلك، في البداية، قد يبدو الأمر مزيَّفًا ومفتعلًا. سيستغرق الأمر وقتًا حتَّى تشعر بالراحة عند الانفتاح، خاصَّةً مع شخص لا تعرفه

جيِّدًا. نحن لا نقول إنَّ وجود شخص رفيق يشبه وجود شخص ما ليكون «كاهنك» أو «معرِّفك»، لكنَّه مصدر مفيد ومرشد وصديق روحيٌّ يوجِّهك في الاتِّجاه الصحيح.

تَوَقَّف

اسأل نفسك، هل أنت جاد في النموّ بصفتك مسيحيًّا؟ هل أنت فعلًا جاد؟

«اَلْقَلْبُ أَخْدَعُ مِنْ كُلِّ شَيْءٍ وَهُوَ نَجِيسٌ، مَنْ يَعْرِفُهُ؟»
(إرميا ١٧: ٩)

أعلم أنَّ هذا صعب. في كثير من الأحيان، نحن لسنا صادقين مع أنفسنا! كما يقول إرميا هنا، نحن لا نفهم في معظم الأوقات ما يحدث بالفعل في قلوبنا. لكنَّها حقًّا الطريقة الوحيدة التي سنرى بها تغييرًا دائمًا وحقيقيًّا.

صلِّ واطلبْ الحكمة من الله عندما تبحث عن شريك المساءلة.

اطلب من الشيوخ أو الخادمات السيدات تقديم اقتراحات لمساعدتك على اتِّخاذ قرار حكيم.

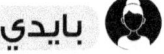

بايدي

نظرت مني إلى بايدي وقالت: «حسنًا، أعطيني الأمر بشكل مباشر: ما الذي يجعلك حقًّا بعيدة عن شريك المُساءلة؟»
ضحكت بايدي: «أقسم أنَّ لديك قدرات قراءة ذهنيَّة.

أنا فقط أتساءل عن مدى سريَّة ذلك. مثلًا، إذا قلت لكِ شيئًا، فهل عليك إخبار الشيوخ بما كنت أقوله؟»

تَوَقّف

كيف تبدو السريّة في رأيك؟ هل هناك أوقات تعتقد فيها أنّه من المناسب انتهاك السريّة؟

قبل أن تبدأ في القيام بإجراء التشاور مع مرشد، تأكَّد من وضع القواعد الأساسيَّة.

فكِّر في السريَّة وما هي السياسة الخاصَّة بكنيستك (سيكون لديهم واحدة).

فكِّر في الأسئلة التي تريد طرحها، خاصَّةً تلك التي تتناول المشاكل الصعبة.

تَوَقّف

ما هو السؤال الوحيد الذي تكره أن يُطرح عليك؟

تَوَقّف

لماذا لا تريد أن تُسأل هذا السؤال؟

لدينا جميعًا شيءٌ نريد أن نخفيه – أشياء في ماضينا، أو خطيَّة ما نخجل منها. في الوقت المناسب، سوف يتحداك الله، ويدينك. ستعرف أنَّه يريدك أن تتعامل معها.

لا يتعيَّن علينا مواجهة هذه اللحظات بمفردنا.

نقطة مفتاحيَّة

نحتاج جميعًا إلى مسيحيٍّ ناضج يستثمر في حياتنا ليوجِّهنا إلى يسوع، ويصلِّي معنا، ويساعدنا على تحمُّل المسؤوليَّة عن تطبيق كلمة الله في حياتنا كل يوم.

آيات للحفظ

«**اِعْتَرِفُوا بَعْضُكُمْ لِبَعْضٍ بِٱلزَّلَّاتِ، وَصَلُّوا بَعْضُكُمْ لِأَجْلِ بَعْضٍ، لِكَيْ تُشْفَوْا. طَلِبَةُ ٱلْبَارِّ تَقْتَدِرُ كَثِيرًا فِي فِعْلِهَا**». (يعقوب ٥: ١٦)

مُلخَّص

تذكَّر أنَّ مجرَّد ذهاب شخص إلى الكنيسة لمدَّة خمسين عامًا لا يجعله مسيحيًّا ناضجًا. إنَّه فقط يجعلهم كبار في السنِّ! لا نريد شخصًا غير ملتزم تمامًا بكنيسته المحليَّة أيضًا. نريد شخصًا في علاقة طويلة المدى؛ شخصًا قَبِلَ مسؤوليَّة عضويَّة الكنيسة ويخضع لسلطة الشيوخ وزملائه الأعضاء. عندما نصبح مسيحيِّين، فإنَّ أهمَّ علاقاتنا هي مع الربِّ. ولكن من المفيد لجميع المسيحيِّين أن يكون لديهم مؤمنون آخرون أتقياء وناضجون يوجِّهوننا إلى المسيح حتَّى يظلَّ الربُّ في مقدِّمة ومركز حياتنا.

ما المقصود؟

يجب أن يكون
يسوع هو العلاقة
الأهمّ في حياتنا؟

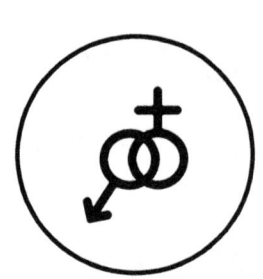

٣- المسيح في المُقدِّمة والمركز

تَوَقَّف

ما هي أهمُّ خمس علاقات لديك؟

أرجو أن يكون الله مذكورًا في قائمتك. لكن هل وصل إلى رأس القائمة؟

هل يأتي الله قبل عائلتنا؟

يجب أن تكون علاقتنا مع الله رقم واحد في حياتنا. أدرك، بالنسبة للكثير من الناس، أنَّ سماع هذا سيكون صراعًا حقيقيًّا. لقد سمعتُ أشخاصًا يقولون أشياء مثل: «أنا أحبُّ الله، لكن أطفالي يأتون أوَّلًا!»

يمكننا أن نفكِّر بسهولة أنَّه إذا وضعنا الله أوَّلًا، فهذا يعني، بطريقةٍ ما، أنَّ علاقتنا مع عائلتنا ليست بنفس الأهميَّة.

نشعر كما لو أنَّنا نعترف بأنَّنا نحبُّهم أقلَّ. يمكن أن ينحرف تفكيرنا في هذا الأمر. ومع ذلك، إذا جعلنا الله أولويتنا الأولى، فهذا يساعدنا في الواقع على حبِّ عائلتنا والآخرين أكثر بكثير ممَّا كنَّا نعتقد أنَّه ممكن.

أصبحنا أمًّا وأبًا وطفلًا وأختًا أفضل. كيف حتى تمكنَّا من ذلك؟

هذا ما سننظر إليه في هذا الفصل: لماذا يجب أن يكون الله علاقتنا الأولى، وكيف يمكننا تحقيق ذلك.

تَوَقَّف

إذا كنَّا نعيش حقًّا كما لو كان اللّه هو الأوّل، فكيف سيبدو ذلك؟

إذا كان الله حقًّا هو رقم واحد في حياتنا، فسيكون ذلك واضحًا من خلال سلوكنا. على سبيل المثال، في اللحظة التي استيقظنا فيها في الصباح، سنكون متلهفين لرؤية ما سيقوله في كلمته.

سنقرأ الكتاب المُقدَّس بشغف.

سنرغب في الصلاة طوال الوقت.

سنثق به ولا نشكُّ فيه أبدًا.

سنطيع كلَّ وصيَّة دون كلمة اعتراض.

عندما ينظر إلينا أصدقاؤنا وعائلتنا، سيرون شخصًا متغيِّرًا.

بدلًا من ذلك، أظنُّ أنَّ الواقع مختلف نوعًا ما. عندما نستيقظ، في كثير من الأحيان نكون متلهفين لمعرفة ما قاله الجميع على الفيس بوك.

نتحقَّق من تعليقاتنا على تويتر.

نقوم بالتمرير عبر الإعجابات التي حصلنا عليها على إنستجرام.

نتحقَّق من رسائل البريد الإلكترونيِّ الخاصَّة بنا.

نردُّ على الرسائل النصِّيَّة أو رسائل الواتساب أو السناب شات التي تلقَّيناها طوال الليل.

الحقيقة المحزنة هي أنَّه من المُحتمل أن يستغرق الأمر الجزء الأوَّل لليوم، ليجعلنا نفكِّر في الله وحاجتنا للتحدُّث معه.

هناك أوقاتٌ في الحياة نسعد فيها بالبقاء على قيد الحياة سالمين، دون أن يتأذَّى أحد الأطفال أو يغضب في وجه أحدهم.

بصدق، نحن مقصِّرون.

يبدو دائمًا أنَّ هناك شيئًا ما يعوق قضاء الوقت مع الله. سواء كان الأمر يتعلَّق بأخذ الأطفال إلى مكان ما، أو الاجتماع مع الأصدقاء، أو التسوُّق، أو الطهي، أو التنظيف، أو العمل، أو تنفيذ المهمَّات – فالقائمة لا حصر لها. بصراحة، نقول إنَّنا نريد أن نجعل الله أولويَّة في الحياة، لكن ما يحدث في الواقع مختلف تمامًا. هذا هو لبُّ المشكلة.

تَوَقَّف

في ظلّ انشغال الحياة وفوضويّتها، كيف نحمي علاقتنا مع اللّه؟

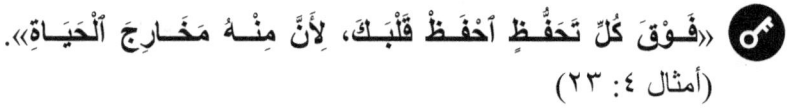

«فَوْقَ كُلِّ تَحَفُّظٍ ٱحْفَظْ قَلْبَكَ، لِأَنَّ مِنْهُ مَخَارِجَ ٱلْحَيَاةِ».
(أمثال ٤: ٢٣)

٥ توضيح

في الآونة الأخيرة، ذهبتُ لزيارة أخي في جنوب إفريقيا خلال أزمة جفاف المياه. كان يُسمح لنا بالاستحمام لمدَّة ثلاث دقائق يوميًّا، وكان علينا الحفاظ على كلِّ المياه المتوفِّرة لدينا. وفي الواقع، ذهب أخي إلى حدٍّ بناء صندوق خشبيٍّ ببطانة بلاستيكيَّة للوقوف فيه في أثناء الاستحمام. كان هذا لتجميع مياه الدُّشِّ لإعادة استخدامها في الحديقة. أعلم أن الأمر كان مثيرًا للاشمئزاز لكنَّه فعَّال للغاية.

بالنسبة لي في المملكة المتَّحدة، من الصعب أن أتخيَّل كمَّ المياه الثمينة التي تسقط من السماء بانتظام! لكن حتَّى في المملكة المتَّحدة، نسمع عن نقص المياه وحظر الرشِّ بالخراطيم للمياه. على عكس أجزاء من إفريقيا التي هي في أمسِّ الحاجة إلى المياه للعيش، فإنَّ مصدر القلق الرئيسي الذي يساورنا ليس ما إذا كان الماء يخرج من الصنبور أم لا، ولكن مدى نقائه وتصفيته. حتَّى في الفترة القصيرة التي قضيتُها في جنوب إفريقيا، علمتُ من الأخبار والراديو أنَّه إذا لم تهطل الأمطار قريبًا، فسوف تنفد المياه في غضون أسابيع. كان هذا مثل العدِّ التنازليِّ الهائل ليوم القيامة. لو كانت تلك هي المملكة المتَّحدة، لكنَّا نخزِّن المياه ولوقعتْ أعمال شغب في محلاَّت السوبر ماركت. ويمكنك التأكُّد من ذلك عندما تتعطَّل الحنفيَّة، فإنَّ أولئك الذين لديهم مخزون مخفي يحرسونها، إذ تعتمد الحياة عليها – وهي بالفعل كذلك!

نجد نفس الشعور بالضبط في **أمثال ٤: ٢٣**. إنَّه يعلِّمنا أنَّنا يجب أن نحرس قلوبنا، لأنَّ كلَّ ما نقوم به ينبع منها. في الواقع، تعتمد حياتنا على ذلك.

«وَكَانَ يُرِينِي وَيَقُولُ لِي: «لِيَضْبِطْ قَلْبُكَ كَلَامِي. ٱحْفَظْ وَصَايَايَ فَتَحْيَا»». (أمثال ٤: ٤)

ونرى هذا مرَّة أخرى في **أمثال ٤: ٤**. لا مفرَّ من أهميَّة علاقتنا مع الله. إنَّها مسألة حياة أو موت. في كتاب كنت أقرأه مؤخَّرًا، صاغ المؤلِّف راي أورتلوند (Ray Ortlund) الأمر على النحو التالي: «يعاني قلبك من الجوع، والعطش، الذي لا يشبعه إلاَّ المسيح».[1]

مشكلة الكثيرين منَّا هي أنَّنا نحاول إشباع عطشنا بالأشياء الخاطئة، ولا شيء يرضينا لفترة طويلة. فنحن في نهاية المطاف نتوق إلى المزيد والمزيد.

توضيح

أستيقظ أحيانًا في الصباح وكل ما أتخيَّله لتناول العشاء هو تناول بعض السمك الكبير الغني بالدهون مع طبقات من الصلصة البنِّيَّة. أفكِّر في ذلك طوال اليوم، أنا أتوق إليه، إنَّني أتطلَّع إلى ذلك، حتَّى أنَّني أخطِّط لما سأشاهده على التلفاز في أثناء تناوله. لكن في أيام عديدة، يأتي وقت العشاء وكلّ ما أتناوله هو السلطة. حسنًا، الأمر مختلف، أليس كذلك؟ سوف آكل وسوف أشبع جوعي لأنَّي قد أكلت، لكن شغفي لتلك السمكة لم يُشبع. في الواقع، أشعر بخيبة أمل، ولذا أقضي بقيَّة الليل أفكِّر في عشاء السمك الذي لم أتناوله.

---

[1] Ray Ortlund, *Proverbs: Wisdom that Works* (Preaching the Word; Wheaton, IL: Crossway), p. 87.

بطريقة مماثلة، تكون محاولة استبدال عطشنا ليسوع بأيٍّ شيء آخر مشبع مثل شرب كوب من الرمل عندما نلهث لشرب الماء البارد، أو أن نحصل على سلطة عندما يكون كلُّ ما نريده هو سمكة مع صلصة بُنِّيَّة!

تَوَقَّف

خذ بضع ثوانٍ فقط للتفكير في آخر مرَّة استسلمت فيها لإغراء مثل الشهوة أو الجشع. هل أشبعتك؟

عندما نستسلم لإغراءاتنا وشهواتنا، فإنَّها غالبًا ما تجلب الراحة والإشباع الفوريَّ. لكن كما نعلم، هذا مؤقَّت فقط، ولذا نجد أنفسنا نطارد نفس الأشياء مرارًا وتكرارًا. نحن نكذب على أنفسنا، ونفكِّر أن «هذه المرَّة سوف تشبعني. ستكون هذه هي المرَّة الأخيرة».

بدلًا من ذلك، ينتهي بنا المطاف بالرغبة في المزيد والمزيد، ولذا فإنَّنا نطارد المزيد.

عندما يحدث هذا، تصبح رغباتنا أكثر أهميَّة بالنسبة لنا من الله.

نحن نسمِّي هذا **عبادة الأوثان**. يسمِّي جون كالفن قلوبنا بأنَّها «مصنع دائم للأوثان» لأنَّنا نتعطَّش باستمرار لشيء، أي شيء آخر، غير الله.[٢]

2 <https://www.ccel.org/ccel/calvin/institutes.txt> accessed 27th August 2019.

توضيح

عندما أحاول التفكير في صورة المصنع، لا أستطيع تجاوز قصة «ويلي ونكا ومصنع الشوكولاتة» (*Willie Wonka and The Chocolate Factory*).[3] لا توجد نقاط لتخمين ما الذي كان يؤثّر على أفكاري! لكنَّه في الواقع يعطينا فكرة عمليَّة كبيرة عن مصانع الوثن المعبود في قلوبنا. أدَّت شهوة أوجستوس جلوب (Augustus Gloop) لتناول الشوكولاتة إلى الوقوع في نهر الشوكولاتة وفي الأنابيب. ورغبة فيروكا سولت (Veruca Salt) في امتلاك كلَّ شيء قادتها إلى الهزيمة وإرسالها من جديد إلى شلال «البيضة الفاسدة» وإلى المُحرقة. في الكتاب، قرأنا كيف تتجاهل كلُّ شخصيَّة جميع علامات التحذير؛ فهم يفعلون ما يريدون على أيِّ حال، فقط لمواجهة العواقب.

بالطبع، فإنَّ قلوبنا ورغباتنا أرقّ من قلوب أوجستوس وفيروكا. على عكس رغباتهما، فإنَّ رغبات قلوبنا عادةً ما تكون غير مرئيَّة. لكن لا تنخدع. إنَّها موجودة هناك، مخفيَّة بعناية، وتؤثّر في كلِّ ما نقوم به. مهما حاولنا جاهدين، لا يمكننا الاختباء من الله. إنَّه يعرف ما يحكم قلوبنا حقًّا.

تقول ١ كورنثوس ٤: ٥: «**سَيُنِيرُ خَفَايَا ٱلظَّلَامِ وَيُظْهِرُ آرَاءَ ٱلْقُلُوبِ. وَحِينَئِذٍ يَكُونُ ٱلْمَدْحُ لِكُلِّ وَاحِدٍ مِنَ ٱللهِ**».

«**فَإِنَّهُ إِنْ أَخْطَأْنَا بِٱخْتِيَارِنَا بَعْدَمَا أَخَذْنَا مَعْرِفَةَ ٱلْحَقِّ، لَا تَبْقَى بَعْدُ ذَبِيحَةٌ عَنِ ٱلْخَطَايَا، بَلْ قُبُولُ دَيْنُونَةٍ مُخِيفٌ، وَغَيْرَةُ نَارٍ عَتِيدَةٍ أَنْ تَأْكُلَ ٱلْمُضَادِّينَ**». (العبرانيين ١٠: ٢٦-٢٧)

[3] Roald Dahl and David Seltzer, *Willie Wonka and The Chocolate Factory* (Warner Home Video. 2005). Based on the Roald Dahl book *Charlie and the Chocolate Factory*.

نحن بحاجة إلى الاهتمام بهذه التحذيرات مبكِّرًا. تذكَّر أمثال ٤: ٤: «**وَكَانَ يُرِينِي وَيَقُولُ لِي: «لِيَضْبِطْ قَلْبُكَ كَلَامِي. ٱحْفَظْ وَصَايَايَ فَتَحْيَا**»». علاقتنا مع الله مهمَّة لأنَّه بدونه، يمكن أن ينتهي بنا المطاف بقبول الهزيمة، والابتعاد عن إيماننا.

«**وَلَكِنَّكَ مِنْ أَجْلِ قَسَاوَتِكَ وَقَلْبِكَ غَيْرِ ٱلتَّائِبِ، تَذْخَرُ لِنَفْسِكَ غَضَبًا فِي يَوْمِ ٱلْغَضَبِ وَٱسْتِعْلَانِ دَيْنُونَةِ ٱللهِ ٱلْعَادِلَةِ**».
(رومية ٢: ٥)

بايدي

تخيَّل أن تتنقل عبر فيس بوك وترى منشورًا عن زوجين عجوزين تعرَّض منزلهما للسرقة. تشاهد صورة مروِّعة لوجه أليس الصغير مصابًا بكدمات وسحجات. تقرأ الردود وتخطِّط للانضمام لرؤيتها في طريق العودة إلى المنزل. فجأة، تلفت انتباهك بعض التعليقات. يُذكر اسم شون كشخص موضع اهتمام. أنت تعلم أنَّ بايدي ستنهار وتتدمَّر عندما تسمع هذا الخبر. يبدو أنَّها كانت تكافح حقًّا مؤخَّرًا، وعلى الرغم من أنَّك حاولت معرفة ما يحدث، فإنَّك لم تشعر بالسعادة. ترتدي معطفك وتتجه لرؤية أليس، دون أن تدرك أنَّ بايدي لديها الكثير من المتاعب أكثر ممَّا يمكنك تخيُّله...

«... يا أمي، أريدك أن تسمعيني. هناك بعض الشائعات المجنونة التي تدور حولي. أنتِ تعلمين أنَّني لن أفعل أيَّ شيء من هذا القبيل. أقسم لك يا أمَّاه. لكن الشرطة

تريد الإيقاع بي. أنتِ تعلمين أنَّهم كانوا ورائي منذ زمن طويل. أريدك أن تخبريهم أنَّني كنتُ معكِ طوال الليل».

كانت هذه هي اللحظة التي أدركت فيها بايدي أنَّ ما قاله لها الجميع عن شون كان صحيحًا. لقد سرق نانا والفقيرة أليس. لقد حطَّم وجه أليس الرقيق. كادت بايدي تتقيَّأ من القلق. كان عليها أن تكذب من أجله. لم يكن هناك خيار. لم تستطع أن تنقلب ضدَّ لحمها ودمها. ولكن كيف سيفكِّر الله في ذلك؟ إنَّها مؤمنة الآن. أَلَيْس من المفترض بها أن تكون صادقة؟ لكن عليها أن تحمي ولدها. إنَّها والدته قبل كلِّ شيء...

كان واضحًا في تلك اللحظة أنَّ لديها خيارًا: الله أو شون. يبدو أنَّ كونك مؤمنًا مسيحيًّا هو أمرٌ صعبٌ للغاية. فالله يطالبنا بالكثير. في يوم الأحد التالي، كانت الخدمة الأولى التي تفوِّتها بايدي منذ شهور. هي فقط لم تستطع مواجهة الأمر. وأسبوع أصبح اثنين، ثمَّ ثلاثة. الآن لم تعد تقترب من الكنيسة أو دراسة الكتاب المُقدَّس أو الله منذ شهور. عندما تتحدَّث معها تقول: «ما زلتُ أحبُّ الله ولكنني أفعل الأمر بطريقتي الخاصَّة».

للأسف، لقد عرفتُ العديد من الأشخاص الذين ادَّعوا أنَّهم مسيحيُّون لكنَّهم ابتعدوا. ليس الأمر كما لو أنَّهم استيقظوا ذات صباح وقرَّروا الانسحاب وقبول الهزيمة. مثل بايدي، حدث ذلك بمرور الوقت، شيئًا فشيئًا، رويدًا رويدًا، حلَّ

وسط بسيط هنا، كذبة هناك. ببطء، قاموا بسحق ضميرهم وبدأوا في اتِّخاذ خيارات كانت أقرب إلى ما كانوا عليه في السابق. مهما حاولنا، لقد تجاهلوا ببساطة تحذيراتنا واستمروا في الطريق الخاطئ للعودة إلى حياتهم القديمة، حتَّى أنَّهم، بمرور الوقت، أصبح قلبهم متصلِّبًا للحقيقة التي اعتادوا المجاهرة بها.

«مَهِّدْ سَبِيلَ رِجْلِكَ، فَتَثْبُتَ كُلُّ طُرُقِكَ. لَا تَمِلْ يَمْنَةً وَلَا يَسْرَةً. بَاعِدْ رِجْلَكَ عَنِ ٱلشَّرِّ». (أمثال ٤: ٢٦-٢٧)

يذكِّرني سفر الأمثال ٤ كثيرًا بالمزمور ١ الذي يتحدَّث عن طريقين؛ طريق الصدِّيقين في الازدهار، وطريق الأشرار الذي يؤدِّي إلى الهلاك. لا يوجد التفاف في الفاصل بينهما، أو التفاف في المسار حول الحافة. نحافظ على قلوبنا وعلاقتنا مع الله من خلال التأكُّد من أنَّنا على الطريق الصحيح. تقول الأمثال: شغِّل عقلك. فكِّر جيِّدًا فيما تفعله. كن عازمًا حيث تخطو. بغضِّ النظر عمَّا نريد أن نقول لأنفسنا، فإنَّنا لا نبتعد عن المسار بالصدفة. بدلًا من ذلك، إنَّها خطوة واحدة في كلِّ مرَّة بعيدًا عن الله.

«ٱلْحِكْمَةَ تُحْيِي أَصْحَابَهَا». (جامعة ٧: ١٢ب)

نتلقَّى من الله أشياء كثيرة، ومن بينها حكمته. بدون الله نحن حمقى نبتعد عنه. **«قَالَ ٱلْجَاهِلُ فِي قَلْبِهِ: «لَيْسَ إِلَهٌ»».** هم فاسدون وأعمالهم حقيرة. **«لَيْسَ مَنْ يَعْمَلُ صَلَاحًا»** (مزمور ١٤: ١). بدون الله، سنكون جميعًا حمقى. إنَّ الجاهلَ يستبدلُ اللهَ بأشياء أخرى.

تعني الحكمة ألاَّ نتَّكل على أنفسنا، بل على الله.

بايدي

«أدركت أنَّ علاقتي مع الله مهمَّة، لكنَّني لا أفهم لماذا يجب أن يكون هو رقم واحد. يعني أولادي كلَّ شيء بالنسبة لي. لقد فقدوا الكثير بالفعل. لا أفهم لماذا يريد الله أن تكون أهميتهم بالنسبة لي أقل منه. يجب أن يكون ولائي لهم أوَّلًا. كيف يمكنني أن أكون أمًّا جيِّدة إذا وضعت أحدًا أمامهم؟ أعتقد أنَّ الله يطلب الكثير، وهذا ليس عدلًا».

تَوَقَّف

هل أنت مثل بايدي؟ أنت تدرك أنَّ اللّه مهمٌّ، ولكن هل يجب أن تأتي عائلتك أوَّلًا؟

نحن بحاجة لأخذ الخطوات الضروريَّة. ماذا أعني بهذا؟ ببساطة أنَّ علاقتنا مع الله هي التي تغيِّرنا وتساعدنا على النموِّ. إنَّه يحوّلنا من الداخل إلى الخارج عندما نصبح أكثر شبهًا بيسوع.

ونتيجة لذلك، نصير أكثر محبَّة، ولطفًا، وصدقًا، وإخلاصًا، وصبرًا، وحتَّى رقَّة.

نبدأ في إظهار ضبط النفس بدلًا من الصراخ مثل الأشرار على الأطفال.

نبدأ في العيش بنزاهة بدلًا من الكذب.

نحن مختلفون، وهذا ليس لمدَّة أسبوع أو أسبوعين فقط.

في الواقع نبدأ في أن نصبح آباءً وأخوات وإخوة أفضل من خلال عمل الله فينا – ويلاحظ الناس ذلك.

أفهمت الأمر؟ إنَّ جعل الله رقم واحد يساعدنا على جعل الجميع أكثر أولويَّة، وليس أقلّ، لأنَّنا نصبح أقلَّ أنانيَّة وأكثر إنكارًا للذات.

تَوَقَّف

هل نقضي الوقت في الاقتراب من الله؟

قد تكون لدينا مجموعة من الأعذار المشروعة، لكن الحقيقة القاسية هي أنَّ كلَّ شخص يقرأ هذا لديه الوقت الكافي لقضاء بعضٍ من الـ ١٫٤٤٠ دقيقة المخصَّصة لنا يوميًّا مع الله.

لكن الحقيقة القاسية هي أنَّنا نخصِّص دائمًا وقتًا لما نريد فعله حقًّا. إنَّ الأمر بهذه البساطة.

نحن بحاجة إلى التخطيط والانضباط وتقديم التضحيات اللازمة.

- **الخطَّة** – نحن بحاجة إلى اقتطاع الوقت. في الأساس، علينا أن نبدأ في العمل على ما أخَّرناه لوقت طويل.

- **الانضباط** – هل نلتزم بالخطَّة حتَّى عندما تعترض الحياة طريقنا، أم أنَّنا كسالى؟

- **الرغبة** – إذا كنَّا صادقين، في بعض الأحيان لا نريد أن يقوم أحد بإزعاجنا، أو نُقدِّم فقط الاقتراحات.

- **التركيز** – لا مقاطعات، لا هاتف، لا مشتّتات.
- **التضحية** – شيء ما يجب أن يُعطي. مهما كلفنا الأمر، نحن بحاجة لتحقيق ذلك.
- **اتِّخاذ خيارات جيِّدة** – ما نشاهده ونقرأه ونهتمُّ به يغذِّي قلوبنا.

تقول الأمثال ٤: ٢٤-٢٥: «**ٱنْزِعْ عَنْكَ ٱلْتِوَاءَ ٱلْفَمِ، وَأَبْعِدْ عَنْكَ ٱنْحِرَافَ ٱلشَّفَتَيْنِ. لِتَنْظُرْ عَيْنَاكَ إِلَى قُدَّامِكَ، وَأَجْفَانُكَ إِلَى أَمَامِكَ مُسْتَقِيمًا**». تلفت الأمثال الانتباه لأعيننا وفمنا لسبب ما. أحدهما يغذِّي قلوبنا، والآخر يكشف قلوبنا.

«**لِأَنَّهُ حَيْثُ يَكُونُ كَنْزُكَ هُنَاكَ يَكُونُ قَلْبُكَ أَيْضًا**». (متى ٦: ٢١)

الأهمُّ من ذلك كله، علينا أن نتذكَّر مَن نحن الآن: **أبناء الله**. نحن في هذه العلاقة الجديدة الثمينة مع الله بسبب ما فعله المسيح على الصليب.

«**اُنْظُرُوا أَيَّةَ مَحَبَّةٍ أَعْطَانَا ٱلْآبُ حَتَّى نُدْعَى أَوْلَادَ ٱللهِ! مِنْ أَجْلِ هَذَا لَا يَعْرِفُنَا ٱلْعَالَمُ، لِأَنَّهُ لَا يَعْرِفُهُ. أَيُّهَا ٱلْأَحِبَّاءُ، ٱلْآنَ نَحْنُ أَوْلَادُ ٱللهِ، وَلَمْ يُظْهَرْ بَعْدُ مَاذَا سَنَكُونُ. وَلَكِنْ نَعْلَمُ أَنَّهُ إِذَا أُظْهِرَ نَكُونُ مِثْلَهُ، لِأَنَّنَا سَنَرَاهُ كَمَا هُوَ**». (١ يوحنا ٣: ١-٢)

تَوَقَّف

هل أدركت عظمة كونك من أبناء اللّه؟

نقطة مفتاحيَّة

يجب أن يكون يسوع هو أهمُّ علاقة في حياتنا، لأنَّه عندما يكون كذلك، فإنَّنا نتغيَّر وننمو، وتكون جميع علاقاتنا الأخرى أفضل. يحتاج إلى أن يكون أهمَّ علاقة لأنَّه يبقينا قريبين منه ويقينا من خطر الابتعاد عن الله، والذي له عواقب أبديَّة خطيرة.

آيات للحفظ

«وَكَانَ يُرِينِي وَيَقُولُ لِي: «لِيَضْبِطْ قَلْبُكَ كَلَامِي. ٱحْفَظْ وَصَايَايَ فَتَحْيَا»». (أمثال ٤: ٤)

مُلخَّص

عندما نجعل الله الأولويَّة الأولى في حياتنا، فهو يساعدنا على أن نحبَّ عائلتنا والآخرين أكثر بكثير ممَّا كنَّا نعتقد أنَّه ممكن. هو يغيِّرنا ويساعدنا على النموِّ. إنَّه يُغيِّرنا من الداخل إلى الخارج إذ نصبح أكثر شبهًا بيسوع، ممَّا يساعدنا على أن نصبح أمًّا أو أبًا أو طفلًا أو أختًا أو أخًا أفضل. يساعدنا جعل الله في المرتبة الأولى على جعل الجميع أكثر أولويَّة، وليس أقل، لأنَّنا نصبح أقلَّ أنانيَّة وأكثر إنكارًا للذات؛ أكثر شبهًا بالمسيح.

ما المقصود؟

يستخدم اللّه
المجتمع حولنا
ليغيِّرنا ويساعدنا
على النموّ.

٤- ما من إنسان يحيا بمفرده

نحن نعيش في ثقافة تدور حول الفرد إلى حدٍّ كبير. «الأنا» هي رقم واحد. لقد أصبحت «الأنا» بارزة جدًّا لدرجة أنَّها باتت تقريبًا مثل الصنم، أكثر أهميَّة بالنسبة لنا من الله. بل إنَّها تؤثِّر على كيفيَّة رؤيتنا لعلاقتنا مع الله. لذلك، بدلًا من جعل الله رقم واحد، نلوي علاقتنا به تمامًا لتكون الأنا هي كلُّ شيء عنَّا.

كيف سيؤثِّر هذا التفكير على نظرتنا لأشياء مثل خدمة الأحد أو عضويّة الكنيسة؟

عندما يتعلَّق الأمر بي «أنا»، يمكننا أن نعتقد أنَّنا لسنا بحاجة إلى أيِّ شخص سوى أنفسنا. هذا غير مفيد، إلى جانب ذلك، إنَّها كذبة.

لقد خلقنا الله لنمجِّده، ولكن لكي نكون أيضًا في شركة وعلاقة مع الآخرين.

لذلك ليس ثمة عذر مثاليٌّ لفقدان الكنيسة، وعزل أنفسنا، والقلق بشأن ذواتنا فقط. في هذا الفصل، سوف نلقي نظرة على كيف يُحدث الله التغيير فينا من خلال علاقاتنا. ليست العلاقات كلها سهلة، ولكن الله يستخدمها ليكشف عمَّا يجب أن يتغيَّر فينا.

٥ توضيح

سمعت هذا المثال التوضيحيَّ من ديفيد باوليسون (David Powlison). تخيَّل أنَّك ممسكٌ بزجاجة بلاستيكيَّة نصفها مملوء بالماء. الآن، إذا رفعت الغطاء وقمت بهزِّها بقوَّة، ماذا سيحدث؟ ستنتشر المياه في كلِّ مكان، أليس كذلك؟ سوف ينتهي بك الأمر مبلَّلًا. لذا فإنَّ السؤال الذي يُطرح هو: لماذا يخرج الماء من الزجاجة؟ يقول الجميع: «لأنَّك هززتها». لا. يخرج الماء لأنَّه كان داخل الزجاجة في المقام الأوَّل.

قصَّة جميلة، لكن ما علاقة ذلك بنا؟ اعتبر نفسك زجاجة بلاستيكيَّة. الماء هو خطيَّتنا الخفيَّة الموجودة في أعماقنا. عندما نعيش في الحياة مع الناس ويثيرون غضبنا أو يؤذوننا، فهذا هو اهتزاز الزجاجة. تظهر الخطيَّة الخفيَّة على السطح وتنسكب لأنَّها كانت موجودة في المقام الأوَّل.

هذه الخطيَّة الخفيَّة تمزِّقنا وتفصلنا بعيدًا عن الله، وتضعنا على خلاف مع الآخرين، وتجعلنا نعتمد على أنفسنا.

هذه زاوية واحدة فقط، فلدى العلاقات ما تقدِّمه أكثر من مجرَّد جلب خطيَّتنا الخفيَّة إلى السطح. لدينا كلُّ هذا الحبِّ والكراهية من نحو العلاقات، التي غالبًا ما نهرب منها، لكنَّها تستحقُّ أيضًا الجهد المبذول. ولكن هناك الكثير ممَّا هو جيِّد، مثل التلمذة والصداقة والتشجيع والراحة والضحك والدعم – القائمة لا حصر لها.

تَوَقَّف

فكّر في أقرب علاقاتك. ما مدى قربها؟ هل تتعمّق أكثر من مجرّد قولك: «أنا بخير»، أم أنّك تبقي الناس على بُعد ذراع منك لأنّك تعتمد على نفسك، ولا ترغب في طلب المساعدة؟

يجد الكثير منّا صعوبة في مشاركة الحقيقة حول صراعاتنا. يبدو أنّنا لا نتجاوز أبدًا الوجه المزيف الذي نصوّره. نحن نلصقه ونتأكّد من أنّ الجميع يعرف أنّنا بخير، خاصّةً عندما لا نكون كذلك. سواء من

عادة مهذّبة،

مشاعر مكبوتة،

كبرياء،

خصوصيّة،

أو الحفاظ على الذات،

لسلوكنا الفرديّ تأثيرٌ كبير علينا. من الصعب مواجهة الخطيّة المتجذّرة في حياتنا.

فكّر في العودة إلى الفصل ٢ حول التعامل المباشر مع الآخرين: يساعدنا الصدق والانفتاح والمشاركة على تحمُّل ما يحدث، لأنّنا نستطيع دعم وتشجيع بعضنا لبعضٍ والصلاة بفعاليّة من أجل بعضنا لبعضٍ.

«لِنَتَمَسَّكْ بِإِقْرَارِ ٱلرَّجَاءِ رَاسِخًا، لِأَنَّ ٱلَّذِي وَعَدَ هُوَ أَمِينٌ. وَلْنُلَاحِظْ بَعْضُنَا بَعْضًا لِلتَّحْرِيضِ عَلَى ٱلْمَحَبَّةِ وَٱلْأَعْمَالِ ٱلْحَسَنَةِ، غَيْرَ تَارِكِينَ ٱجْتِمَاعَنَا كَمَا لِقَوْمٍ عَادَةٌ، بَلْ وَاعِظِينَ بَعْضُنَا بَعْضًا، وَبِٱلْأَكْثَرِ عَلَى قَدْرِ مَا تَرَوْنَ ٱلْيَوْمَ يَقْرُبُ». (العبرانيين ١٠: ٢٣-٢٥)

بايدي

صارعت بايدي لتكوين صداقات في الكنيسة. يتَّسم الناس بالغرابة، على الأقلّ بالنسبة لها. يبدو أنَّهم ودودون حقًّا ويطرحون أسئلة مثيرة للاهتمام، لكن يبدو أنَّهم لا يستمعون حقًّا، ولا يجيبون أبدًا على أيٍّ من أسئلة بايدي. لكن منى كانت مختلفة، وقد أحبَّتها بايدي على الفور.

في البداية، بدأوا في الاجتماع لتناول القهوة وكعكة صغيرة كل أسبوع. تحتفظ منى بمقعد لبايدي صباح الأحد. إنَّها تجيب بهدوء عن أسئلة بايدي طوال الخدمة، وفي النهاية يتحدَّثون في جلسة المساءلة.

كانت منى أوَّل من لاحظ أنَّ بايدي تغيب عن صلاة الأحد. لقد شعرتْ بالقلق وأرسلتْ لها رسالة نصِّيَّة. على الرغم من أنَّ بايدي تبدو تائهة أكثر فأكثر في الكنيسة، فإنَّها لا تزال تلتقي مع منى أسبوعيًّا. في أحد مواعيد القهوة هذه، استجمعت منى الشجاعة لتقول: «بايدي، لقد كنتُ أصلِّي من أجل هذا طوال الأسبوع. أنا قلقة للغاية من أن أقول الكلمات الخاطئة، لكن عليَّ أن أقولها.

أنا قلقة حقًّا بشأن افتقادك للكنيسة. تخبريني طوال الوقت أنَّك تحبِّين يسوع، لكنَّك لا تفعلين ما يريدك أن تفعليه. أنتِ بحاجة إلى قضاء بعض الوقت في الكنيسة لسماع العظة والتمتُّع بالجلسة مع المؤمنين. لماذا تتجنَّبيننا؟ هل قال لكِ أحدُهم شيئًا؟»

يمكن أن تجري منى هذه المحادثة الضروريَّة بسبب علاقتها مع بايدي. شيء ما يحدث معها، ونأمل أن تكون منفتحة على منى وتخبرها بذلك. إنَّنا مثل بايدي، نخفي الحقيقة، ونخدع أنفسنا، ونادرًا ما نرغب في الاعتراف بها. نحن نمثِّل أسوأ أعدائنا. نحن نفضِّل أن نعيش في الخفاء، وألاَّ نضطر إلى الاهتمام بأحد إلاَّ أنفسنا. لكن عندما نفعل ذلك، ينتهي بنا الحال مثل بايدي، في محاولة لتجنُّب الله وشعب الله.

لكي نكون منصفين، لا يخفي الجميع خطاياهم. هناك من يخبر أيَّ شخص سيستمع إلى كلِّ ما حدث، كلُّ تفاصيل الخطيَّة. إذا كان هذا أنت، صدقني، فهذا ليس مفيدًا، لن يساعدك في أيِّ شيء. قد يكون هناك وقتٌ تندم فيه على ذلك، فنحن بحاجة إلى أن نكون حكماء فيما نشاركه.

تَوَقَّف

هل أنت حكيم بشأن ما تشاركه، ومع من تشاركه؟ هل سبق لك أن شاركتَ شيئًا تمنيتَ أن تظلَّ صامتًا بشأنه؟ لماذا؟

فكِّر في الكنيسة بصفتها العائلة الجديدة. يمكن لمن فيها أن يصلُّوا، وأن يدعموا، وأن يكونوا قدوة في النضج، وأن يقوُّوا بعضهم بعضًا، وأن يجلبوا الراحة، أن يُنذروا بعضهم، وفي النهاية، يوجِّهوا بعضهم إلى المسيح. وكعائلة، نحن الآن مسؤولون تجاه بعضنا البعض.

تَوَقَّف

ماذا ستقول لبايدي عندما تقول: «أنا مؤمنة وأقرأ الكتاب المُقدَّس، لكنَّني لستُ بحاجة إلى كنيسة. يمكنني القيام بذلك بمفردي»؟

«فَإِنْ كَانَ عُضْوٌ وَاحِدٌ يَتَأَلَّمُ، فَجَمِيعُ ٱلْأَعْضَاءِ تَتَأَلَّمُ مَعَهُ. وَإِنْ كَانَ عُضْوٌ وَاحِدٌ يُكَرَّمُ، فَجَمِيعُ ٱلْأَعْضَاءِ تَفْرَحُ مَعَهُ».
(١ كورنثوس ١٢: ٢٦)

هل سبق لك أن شاهدتَ أحد أفراد عائلتك يمرُّ بشيء فظيع؟ ستشعر بالألم والكرب والقلق. تشعر بألمهم وأنت تعاني معهم. إنَّه نفس الشيء مع عائلة كنيستك الجديدة.

عندما يعاني عضو واحد، فإنَّنا جميعًا نتألَّم.

يمكننا أن نعتقد أنَّ قراراتنا تؤثِّر علينا فقط. لكن هذا ليس ما تقوله ١ كورنثوس ١٢: ٢٦، فكلُّ قراراتنا والأشياء التي تحدث لنا تؤثِّر على الكنيسة بأكملها. في هذه المرحلة، أشعر أنَّه يجب عليَّ اقتحام أغنية فيلم «هاي سكول ميوزيكال» (*High School Musical*): «كلُّنا معًا في هذا» (We're All in This Together)[1]، لأنَّ هذا هو الوضع الآن. أنت مهمٌّ لعائلة كنيستك الجديدة، ويجب أن تهمَّك.

---

[1] 'We're All in This Together.' Theme song to the movie *High School Musical* (Walt Disney, 2006).

«بَلْ عِظُوا أَنْفُسَكُمْ كُلَّ يَوْمٍ، مَا دَامَ ٱلْوَقْتُ يُدْعَى ٱلْيَوْمَ، لِكَيْ لَا يُقَسَّى أَحَدٌ مِنْكُمْ بِغُرُورِ ٱلْخَطِيَّةِ». (العبرانيين ٣: ١٣)

نقطة مفتاحيّة

نحن لا نحبُّ هذا الأمر، لكن الله يستخدم الناس في حياتنا لتغييرنا. عندما نمارس الحياة معًا، يستخدم الله المناوشات التي لا مفرَّ منها لإظهار خطايانا الخفيَّة إلى السطح. يمنحنا هذا فرصة للتعامل مع خطايانا، وأن نحبَّ بعضنا البعض ونعتني ببعضنا البعض بشكل أفضل. الطريقة التي نحبُّ بها بعضنا البعض بصفتنا مسيحيِّين تقول الكثير عن هويَّة الله لعائلتنا وأصدقائنا غير المسيحيِّين.

آيات للحفظ

«أَمِينَةٌ هِيَ جُرُوحُ ٱلْمُحِبِّ، وَغَاشَّةٌ هِيَ قُبْلَاتُ ٱلْعَدُوِّ». (أمثال ٢٧: ٦)

مُلخَّص

نحن نحبُّ أن نعتقد أنَّنا لسنا بحاجة إلى أيِّ شخص، لكنَّنا لم نُخلَق بهذه الطريقة. جعلنا الله بحاجة إليه وإلى الآخرين. ليس هناك مسيحيٌّ هو بمثابة جزيرة منعزلة، وليس في الكنيسة عضو واحد فقط. الكنيسة هي عائلتنا الجديدة. بغضِّ النظر عن مدى رغبتنا في أن تكون مختلفة، فنحن مسؤولون تجاه بعضنا البعض بصفتنا عائلة من المؤمنين.

ما المقصود؟

يجب أن نتعلّم
مواجهة الضيقات
والجهاد بتقوى.

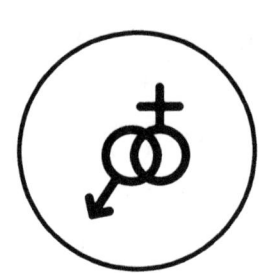

٥- عندما يكون كل شيء خاطئًا

كان هناك إعلان تلفزيونيٌّ لشركة تأمين منذ سنوات. كانت القصَّة الأساسيَّة أنَّ شيئًا غير متوقَّع قد حدث، وأنَّ حياة الأسرة كما عرفوها كانت على وشك أن تتغيَّر إلى الأبد. عندما هبط المال عليهم جميعًا، وراح الأب يردد أغنية: «قد تكون هناك مشكلة في المستقبل...» (There may be trouble ahead) تمامًا كما جاءت التسمية التوضيحيَّة مع شعار شركة التأمين والعنوان الفرعيِّ: «للحياة التي لا تعرفها بعد».

هذا صحيح، فنحن لا نعرف حتَّى الآن ما هو قادم، لكنَّني متأكِّد تمامًا من شيء واحد: علينا جميعًا أن نواجه نوعًا من المشاكل أو التجارب أو المشقَّات. بعضها لن يكون ذنبنا؛ لا يمكننا فعل أيِّ شيء لمنعه. ولكن قد تكون التجارب الأخرى من صنع الذات، مثل شُربنا للخمور أكثر من اللازم فينتهي بنا الأمر بالإصابة بتليف كبدي، أو مواصلة تجاوز بطاقتنا الائتمانيَّة إلى الحدِّ الأقصى وغرقنا في الديون بشكل أعمق وأعمق.

«أَيُّهَا ٱلْأَحِبَّاءُ، لَا تَسْتَغْرِبُوا ٱلْبَلْوَى ٱلْمُحْرِقَةَ ٱلَّتِي بَيْنَكُمْ حَادِثَةٌ، لِأَجْلِ ٱمْتِحَانِكُمْ، كَأَنَّهُ أَصَابَكُمْ أَمْرٌ غَرِيبٌ». (١ بطرس ٤: ١٢)

«لِأَنَّهُ قَدْ وُهِبَ لَكُمْ لِأَجْلِ ٱلْمَسِيحِ لَا أَنْ تُؤْمِنُوا بِهِ فَقَطْ، بَلْ أَيْضًا أَنْ تَتَأَلَّمُوا لِأَجْلِهِ». (فيلبي ١: ٢٩)

أعلم، أعلم، إنَّه أمر مُحبط!

فلماذا أخبرك بكلِّ هذا؟ هل أنا فقط أحبُّ أن أفسد متعتك؟ لا، بالطبع لا. هل سمعت بمقولة «**لقد أعذر من أنذر**»؟ تستخدمها أمِّي طوال الوقت. هذا يعني أنَّ امتلاك معرفة مسبَّقة بالأخطار المحتملة يمنحك ميزة تكتيكيَّة. في الأساس، إذا علمنا أنَّ شيئًا ما من المُحتمل أن يحدث، فهذا يساعدنا على الاستعداد والوقوف بحزم والتأهب للتحمُّل.

توضيح

في أثناء كتابتي لهذا، كانت هناك تحذيراتٌ من الطقس بسبب الثلج. حاليًا، لدينا تنبيه أحمر للثلج ومطلوب منَّا عدم السفر بسبب الخطر. يقولون: «لا تسافر، إلاَّ إذا كانت حالة طارئة، ثمَّ كُن مُستعدًّا للرحلة بوضع البطَّانيَّات والمياه والطعام في السيارة». في الواقع، كان لدى بي. بي. سي. اسكتلندا أمسيَّة إخباريَّة ممتدَّة لتغطية أخبار الثلوج والاضطراب. حتَّى مع كلِّ النشرات والتنبيهات الإذاعيَّة ومنشورات الفيس بوك التي تحذِّر الناس من أنَّ الثلج قادم، لا تزال الأخبار المسائيَّة مليئة بالأشخاص الذين تقطَّعت بهم السبل في سياراتهم طوال الليل لمدَّة تصل إلى خمس عشرة ساعة في درجات حرارة شديدة البرودة. كان العديد منهم بدون مؤن أو حتَّى ما يكفي من البنزين لإبقاء محرِّكاتهم مشتعلة للتدفئة. كافح طواقم الطوارئ لإنقاذهم. ومع ذلك، هذا الصباح، حتَّى مع استمرار التحذيرات، تجاهلها الناس واتَّجهوا نحو الطريق السريع في سياراتهم.

إحدى طرق الاستعداد هي التفكير في كيفيَّة تعاملنا مع الصراعات عندما تأتي. لسوء الحظِّ، في بعض الأحيان، يمكن أن تسبِّب لنا الطريقة التي نتعامل بها مع الأشياء نفس القدر من المتاعب.

بايدي

«أعلم أنَّك فعلتَ ذلك. لا أصدِّق أنَّك ستؤذي أليس. لقد كنت تعرفها كل حياتك! لقد كانت صديقة جيِّدة بالنسبة لي عندما مات والدك. كانت تساعدنا كثيرًا، وخاصَّةً أنت! أنت اقتحمتها وضربتها. أنا لا أعرف حتَّى من أنت».

كان شون ينظر إليها فقط ويقول: «أنتِ لا تعرفين ما الذي تتحدَّثين عنه. أنتِ تعلمين أنَّني كنت هنا، لم يكن بإمكاني فعل ذلك». راح يضحك وهو يخرج من الباب.

إنَّه على حقٍّ. رتَّبت بايدي سريرها ودخلت للاستلقاء عليه. لم يكن بإمكانها الفصح عن شون. هي فقط لم تستطع ذلك. جلست بايدي على طاولة المطبخ وبكت. إنَّها تشعر بالوحدة. إنَّها تفتقد الكنيسة ومنى، لكنَّها لا تستطيع العودة. «هذا كلُّه خطأي. لقد تسبَّبتُ في هذا. لم يكن ليفعل أيَّ شيء كهذا لو كان والده على قيد الحياة. لم أكن كافية». تفعل بايدي ما تفعله دائمًا عندما يتعدَّى الأمر الحدود، تغلق الباب وتغلق العالم. إنَّها تتناول حبَّتين إضافيَّتين الليلة «فقط لمساعدتي على النوم».

تَوَقَّف

لـم تكـن عـادة بايـدي للتعامـل مـع التوتُّر مفيـدة لهـا أو لشـون.
مـاذا عنـك؟ مـا هـو ردُّ فعلـك؟ كيـف تسـتجيب عندمـا تصبـح الحيـاة
مرهقـة؟

هل أنت مـن النـوع الـذي يتظاهـر بـأنَّ الأشـياء علـى مـا يـرام وتلبس
دائمًـا وجهًـا شـجاعًا، أم أنَّـك تهـرب مـع الكثيـر مـن مشـاهدات التلفـاز
أو اللعب على جهاز X-Box أو الطعام أو المخدِّرات؟

أم أنَّـك الضحيَّـة، تضخِّـم كلَّ مـا يجـري وتقـول فـي نفسـك: «لا أحـد،
وأعنـي أنَّـه لا أحـد، يعانـي أكثـر منِّـي»؟

ربَّمـا تكـون مـن النـوع المريـر والغاضـب، وتعيـد عـرض مشـهد
فـي رأسـك، وتفكِّـر فـي مـا كان يجـب عليـك قولـه أو كيفيَّـة اسـتعادته
الموقـف.

ربَّمـا تكـون مـن النـوع المستسـلم الـذي يستسـلم حتَّـى عنـد أصغـر
عقبـة، أو تختلـق الأعـذار لنفسـك.

لدينـا جميعًـا طـرقٌ مختلفـة للتعامـل مـع الضغـط، ومـن المُحتمـل
أن تتعـرَّف علـى نفسـك فـي أكثـر مـن مثـال.

كمـا قلتُ، فـي بعـض الأحيـان الطريقـة التـي نتعامـل بهـا مـع الضغـط
يمكـن أن تسـبِّبَ لنـا نفسَ القـدر مـن المتاعـب. فـي بعـض الأحيـان، تكـون
الطريقـة التـي نتعامـل بهـا مـع الضغـط خاطئـة تمامًـا.

يجب أن ننتبه إلى كيفيَّة استجابتنا عندما يعترض الضغط طريقنا، لأنَّه قد يكشف عن أمور يريد الله منَّا معالجتها.

تَوَقَّف

كيف تعتقد أنّنا بصفتنا مسيحيّين يجب أن نستجيب للمواقف العصيبة؟

«فَأَقُولُ هَذَا وَأَشْهَدُ فِي ٱلرَّبِّ: أَنْ لَا تَسْلُكُوا فِي مَا بَعْدُ كَمَا يَسْلُكُ سَائِرُ ٱلْأُمَمِ أَيْضًا بِبُطْلِ ذِهْنِهِمْ». (أفسس ٤: ١٧)

«لِأَنَّكُمْ كُنْتُمْ قَبْلًا ظُلْمَةً، وَأَمَّا ٱلْآنَ فَنُورٌ فِي ٱلرَّبِّ. ٱسْلُكُوا كَأَوْلَادِ نُورٍ. لِأَنَّ ثَمَرَ ٱلرُّوحِ هُوَ فِي كُلِّ صَلَاحٍ وَبِرٍّ وَحَقٍّ. مُخْتَبِرِينَ مَا هُوَ مَرْضِيٌّ عِنْدَ ٱلرَّبِّ». (أفسس ٥: ٨-١٠)

تخبرنا هذه الآيات ألاَّ نعيش بالطريقة القديمة، بل بالطريقة الجديدة؛ طريق الله. علينا أن نعيش بدافع نعمة الله. في الأساس، ما فعله يسوع يجب أن يكون له تأثير علينا، يجب أن يحفّزنا. يجب أن تكون الطريقة التي نتعامل بها مع الضغوط والصراعات مختلفة الآن بعد أن خلّصنا الله.

إذا كنَّا ننتمي حقًّا إلى يسوع، فيجب أن نكون مختلفين.

تَوَقَّف

فكيف نتعلّم كيف نتعامل مع الأشياء بشكل أفضل؟

«لِأَنَّـهُ إِنْ كَانَ أَحَدٌ سَـامِعًا لِلْكَلِمَـةِ وَلَيْسَ عَامِـلًا، فَذَاكَ يُشْـبِهُ رَجُـلًا نَاظِـرًا وَجْـهَ خِلْقَتِـهِ فِـي مِـرْآةٍ، فَإِنَّـهُ نَظَـرَ ذَاتَـهُ وَمَضَـى، وَلِلْوَقْـتِ نَسِـيَ مَـا هُـوَ». (يعقـوب ١: ٢٣-٢٤)

عندمـا نقـرأ الكتـاب المُقـدَّس ونعتمـد علـى كلمـة الله، فإنَّـه يسـاعدنا علـى رؤيـة الحقيقـة حـول مـا يحـدث بالفعل فـي حياتنـا. عندمـا يسـير كلُّ شـيء علـى مـا يـرام، يريدنـا الشـيطان أن نركـض بعيدًا وبسـرعة قـدر المسـتطاع عن الله.

لكـن كمـا تحدَّثنـا، لا يمكننـا إخفـاء أيِّ شـيء عـن الله. فهـو يريدنـا أن نظهـر وننفتـح علـى صراعاتنـا. إنَّـه يوجِّـه سـلوكنا الخاطـئ؛ ليـس لكـي ندافـع عـن أنفسـنا، بـل لتحمُّـل المسـؤوليَّة. هـذا أفضـل ممَّا يبدو، أليس كذلك!

يريـد الله أن يعيدنـا إليـه بالتوبـة لأنَّ غفـران الله لنـا يجعلنـا نتغيَّـر وننمـو.

ليسـت ضغوطنـا وآلامنـا غيـر مهمَّـة؛ بـل إنَّ لهـا هدفًـا. يسـتخدمها الله ليخلـق فينـا المثابـرة والثبـات. إنَّهـا تسـاعدنا فـي أن نحـبَّ بعضنـا بعضًـا بشـكل أفضـل. عندمـا نعانـي شـخصيًّا مـن الخسـارة والأذى، فمـن المرجَّـح أن نكـون متعاطفيـن ورحمـاء مـع الآخريـن.

هنـاك شـيء آخـر: تكشـف الصراعـات مَـن هـو المسـيحيُّ الحقيقـيُّ ومَـن هـو المسـيحيُّ المزيَّـف. عندمـا تصبـح الأمـور صعبـة، يحـزم المسـيحيُّون المزيَّفـون حقائبهـم ويبتعـدون عـن الله. فـي العالـم المسـيحيِّ، يمكـن أن نقـول إنَّ الله يسـتخدم التجـارب لفصـل «الحنطـة عـن الـزوان».

«لَيْسَ كُلُّ مَنْ يَقُولُ لِي: يَارَبُّ، يَارَبُّ! يَدْخُلُ مَلَكُوتَ ٱلسَّمَاوَاتِ. بَلِ ٱلَّذِي يَفْعَلُ إِرَادَةَ أَبِي ٱلَّذِي فِي ٱلسَّمَاوَاتِ. كَثِيرُونَ سَيَقُولُونَ لِي فِي ذَلِكَ ٱلْيَوْمِ: يَارَبُّ، يَارَبُّ! أَلَيْسَ بِٱسْمِكَ تَنَبَّأْنَا، وَبِٱسْمِكَ أَخْرَجْنَا شَيَاطِينَ، وَبِٱسْمِكَ صَنَعْنَا قُوَّاتٍ كَثِيرَةً؟ فَحِينَئِذٍ أُصَرِّحُ لَهُمْ: إِنِّي لَمْ أَعْرِفْكُمْ قَطُّ! ٱذْهَبُوا عَنِّي يافَاعِلِي ٱلْإِثْمِ!»
(متى ٧: ٢١-٢٣)

عندما تجعلنا ضغوطات الحياة ندرك أنَّ هناك شيئًا ما خطأ، فإنَّنا نحتاج أن نركض إلى المسيح. نحن بحاجة إلى أن نكرز بالإنجيل لأنفسنا، ونذكِّر أنفسنا يوميًّا بنعمته. وبذلك، يساعدنا على «اقتنائها»، والاعتراف بسلوكنا الخاطئ وليس اتِّخاذ موقف دفاعيٍّ. لا يرسل الله تجاربَ لمعاقبتنا أو ليثبت أنَّه لم يعد يحبُّنا. بل بالحريِّ، هو يرسل التجارب من أجل مقاصده الصالحة.

«وَنَحْنُ نَعْلَمُ أَنَّ كُلَّ ٱلْأَشْيَاءِ تَعْمَلُ مَعًا لِلْخَيْرِ لِلَّذِينَ يُحِبُّونَ ٱللهَ، ٱلَّذِينَ هُمْ مَدْعُوُّونَ حَسَبَ قَصْدِهِ». (رومية ٨: ٢٨)

نقطة مفتاحيَّة

الألم هو حقيقة واقعة، لا يمكننا الهروب منه، إنَّه جزء من الحياة.

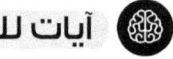

آيات للحفظ

«طُوبَى لِلرَّجُلِ ٱلَّذِي يَحْتَمِلُ ٱلتَّجْرِبَةَ، لِأَنَّهُ إِذَا تَزَكَّى يَنَالُ «إِكْلِيلَ ٱلْحَيَاةِ» ٱلَّذِي وَعَدَ بِهِ ٱلرَّبُّ لِلَّذِينَ يُحِبُّونَهُ». (يعقوب ١: ١٢)

مُلخَّص

تقع المتاعبُ والتجارب، بعضها مجرَّد جزء من الحياة، ويأتي البعض الآخر لأنَّنا كنَّا أغبياء واتَّخذنا بعض خيارات الحياة السيِّئة. يريد الشيطان أن يستخدم هذه الأوقات لفصلنا وإبعادنا عن الله قدر الإمكان، لنكون متخبِّطين ومستمرِّين في خطايانا. هذا وضع مخيف إن بلغناه؛ في النهاية، نحن نجازف بالابتعاد عن الله. من ناحية أخرى، يهتمُّ الله بنا، ويستخدم التجارب لإظهار الأشياء فينا التي تحتاج إلى التعامل معها – أشياء نحتاج إلى التوبة عنها. إنَّه يستخدم التجارب ليُنمِّينا ويغيِّرنا، لبناء المثابرة فينا حتَّى نقف بحزم، ولا نفسح المجال مهما كانت الحياة تنهش فينا.

ما المقصود؟

«خشية الإنسان»
هي عندما نخشى
آراء الناس أكثر
من آراء اللّه.

٦- حين نخشى الإنسان أكثر من اللّه

خوف أو خشية الإنسان، باختصار، هو عندما نستبدل خوفَ الربِّ في حياتنا بخوف الناس. في بعض الأحيان، نُسمِّي هذا «ضغط الأقران» أو «إرضاء الناس». ولكن مهما نسمِّيه، فهو يعني في جوهره، أنَّه **يهمُّنا الناسُ أكثرَ من الله.**

ويميل ما نخشاه إلى أن يكون هو الذي يحكمنا. قد لا نعتقد أنَّ لدينا مشكلة مع هذا؛ ربَّما نعتقد أنَّنا لا ندع رأي أيِّ شخص يزعجنا. لكن من المُحتمل ألاَّ يكون الأمر كذلك. سواء كانت أمنا أو أبونا، أو شريكنا، أو صديقنا المفضَّل، أو حتَّى جيراننا، فإنَّنا كثيرًا ما نقلق بشأن ما سيفكِّر فيه الناس. قد يقودنا هذا إلى تغيير سلوكنا وآرائنا.

هناك رجلٌ اسمه إد ويلش (Ed Welch) كتب كتابًا بعنوان «**عندما يبدو الناس كبارًا، ويبدو الله صغيرًا**» (*When People Are Big and God Is Small*). يقول في هذا الكتاب: «الخوف من الإنسان جزءٌ من نسيجنا البشريِّ، لذا يجب أن نتحقَّق من وجود نبض إذا أنكر شخصٌ ما ذلك».[١]

---

١ إد. ويلش. عندما يبدو الناس كبارًا ويبدو الله صغيرًا (القاهرة: ذهن جديد، ٢٠١٢)

بايدي

كانت بايدي واقفة في صفّ الانتظار عند الخروج عندما التقت بمنى. هناك لحظة أدركت فيها بايدي أنَّها إذا أخذت خطوة واحدة إلى الوراء، فلن تلاحظها منى. بعد أن تردَّدت لوقت طويل، لم تتراجع بايدي فحسب، بل تراجعت واستدارت صوب ممرٍّ يتَّجه نحو المرحاض. عندما توقَّفت، نظرت إلى لفائف المرحاض كما لو كانت أكثر الأشياء إثارة في حياتها، وتدافعت الأفكار في عقلها. «لماذا أكون بكلِّ هذا الغباء وفراغة العقل، منى صديقتي!» كانت بايدي تعرف إجابة السؤال حتَّى قبل أن تنتهي الفكرة من أن تخطر ببالها. لقد كذبت من أجل شون وكانت تعلم أنَّ ذلك لم يكن صحيحًا. كانت تعرف، لأنَّ الذنب كان يأكلها في الداخل. في كلِّ مرَّة رأت فيها شخصًا من الكنيسة، أو حتَّى عبرت من المبنى، كانت معدتها تؤلمها من لقلق. لم تكن منى غبيَّة. كانت تعرف ما يقوله الناس، ولم تستطع بايدي مواجهتها.

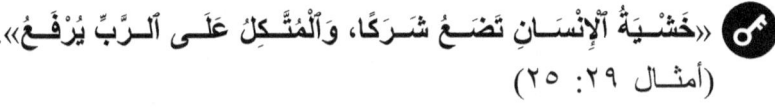

«خَشْيَةُ ٱلْإِنْسَانِ تَضَعُ شَرَكًا، وَٱلْمُتَّكِلُ عَلَى ٱلرَّبِّ يُرْفَعُ». (أمثال ٢٩: ٢٥)

تَوَقَّف

اسأل نفسك هذه الأسئلة:

هل سبق لك أن عانيت من ضغط الأقران؟

هل تهتمُّ كثيرًا بما يعتقده الناس عنك؟

هل تشعر أنَّك بحاجة إلى الحصول على الاحترام والتقدير من الناس؟

هل تعيد التفكير دائمًا في ما تفعله لأنَّك تتساءل عمَّا يعتقده الآخرون؟

هل أنت خائف من الظهور بمظهر سيّئ؟

هل تكذب على الناس، خاصَّةً تلك الأكاذيب البيضاء الصغيرة، للتستُّر على شيء سخيف، لتكون خفيف الظل أو حتَّى لتبدو بصورة أفضل؟

هل تقارن نفسك دائمًا بالآخرين؟

هل تتجنَّب الناس، خاصَّةً عندما تعتقد أنَّك أخطأت؟

السؤال الذي نريد أن نفكِّر فيه هو سؤالٌ بسيط: من يتحكَّم بنا؟ إذا كان الأمر يتعلَّق بالناس وليس الله، فبطريقة ما نحن نعطي الناس الحقَّ في إخبارنا بما يجب أن نشعر به ونفكِّر فيه ونفعله. الآن، أنا لا أقول أن نغسل عقولنا ونتحوّل إلى نوع من الزومبي الذي لا يُفكِّر. ما أقوله هو أنَّ رأيهم وتأثيرهم مهمٌّ جدًّا لدرجة أنَّنا نسمح له بتغيير سلوكنا.

تَوَقَّف

مـن الـذي تهتـم برأيـه أكثـر؟ هـل هنـاك أوقـات يؤثّـر فيهـا مـا يعتقدونـه علـى مـا تفعلـه أو تفكّـر فيـه؟

«فَقَـالَ شَـاوُلُ لِصَمُوئِيـلَ: «أَخْطَـأْتُ لِأَنِّـي تَعَدَّيْـتُ قَـوْلَ ٱلـرَّبِّ وَكَلَامَـكَ، لِأَنِّـي خِفْـتُ مِـنَ ٱلشَّـعْبِ وَسَـمِعْتُ لِصَوْتِهِـمْ»».
(١ صموئيل ١٥: ٢٤)

فـي الواقـع، تضـع إحـدى الترجمـات الأمـر علـى هـذا النحـو: «لقـد انتهكـت حقًّـا أمـر الـربّ وكلامـك، لأنَّـني كنـت أخشـى النـاس واسـتمعت إلـى أصواتهـم» (NASB). إنَّـه يقـول بشـكل أساسـيٍّ: «لقـد أخطـأت إليك يـا ربُّ، لأنَّـني أهتمُّ بـآراء النـاس أكثـر مـن آرائـك. لقـد استمعتُ إلـى مـا أرادوا، وفعلتـه». لقـد قـادوه إلـى الطريـق الخطـأ، وانتهـى بـه الأمـر أن يخطـئ فـي حـقّ الله. لـم يكـن خائفًـا فـي الواقـع علـى حياتـه أو أيِّ شـيء آخـر، لـم يكـن حتَّـى واقعًـا تحت ضغـط أقرانـه، لقد كان يهتمُّ أكثـر بمـا يعتقـده هـو أكثـر مـن الله، وكان لذلـك عواقـب وخيمـة عليـه. لـذا، مـن المهـمّ أن تفكّـر فـي أصـوات الذيـن تسـتمع إليهـم ومـا تأثيرهـا فـي حياتـك. (راجـع الكتـاب الثالـث مـن سلسـلة الخطـوات الأولـى – «أصـوات»، إذا لـم تكـن قـد قرأتـه بالفعـل).[٢]

بايدي

لـم تكـن بايـدي مؤمنـة منـذ فتـرة طويلـة، ومـع ذلـك فقـد اسـتطاعت أن تعـرف أن الكـذب علـى الشـرطة بشـأن شـون كان أمـرًا سـيِّئًا. عندمـا طلـب منهـا شـون القيـام بذلـك لأوَّل

٢ أندي برايم. الأصوات: لمن أُنصت؟ (القاهرة: ذهن جديد، ٢٠٢١)

مـرَّة، لـم تكن تعتقد أنَّ لديها خيارًا. ليس الأمـر كمـا لـو أنَّـه أجبرهـا أو أيّ شـيء. لكنَّـك فقط لا تشـي بأطفالك للشـرطة. إنَّها ليست على حقٍّ! لكنَّها لا تستطيع إخراج وجـه أليس مـن عقلهـا. فـي كلِّ مـرَّة تتصـوَّر الجـروح والكدمـات، تشـعر بأنَّهـا مريضـة، وتفكِّر فـي حقيقـة أنَّ شـون يمكنه فعل شـيء مـن هـذا القبيـل. ومـع ذلـك، لـم يوقف ذلـك الكـذب. في النهاية، قامت بحمايـة ابنهـا، وهـذا هو الشـيء الصحيـح الـذي ينبغي فعلـه. أليـس كذلـك؟

دخـل ويلـي لرؤيتهـا ذات ليلة. علـم على الفـور أنَّ شـيئًا مـا ليـس علـى مـا يـرام، فسـألها عـن ذلـك. كانـت بايـدي متردِّدة فـي البدايـة، لكـن عليهـا فـي النهايـة إخبـار أحدهـم. «لا أريد حقًّا أن أخبـرك. لـن يعجبك ذلـك. كنـت أقـوم بتنظيـف حقيبتـي ووجـدت الكتـابَ المُقـدَّس الـذي أعطتـه لـي منى. جعلنـي أفكِّـر بهـا. إنِّـي أفتقدهـا، لكنِّـي كنـت أتجنَّبهـا. علـى أيِّ حـال، قلبـتُ الصفحـات وتوقَّفـتُ بشـكل عشـوائيٍّ عنـد هـذه النقطـة: لاويـيـن ١٩. عندمـا بدأتُ فـي القـراءة، صفعتني الآيـة ١١ علـى وجهـي: 'لاَ تَسْـرِقُوا، وَلاَ تَكْذِبُـوا، وَلاَ تَغْـدُرُوا أَحَدُكُـمْ بِصَاحِبِـهِ'. أغلقتـه وأدخلتـه فـي قـاع الحقيبـة. كانـت فـي دواخلي عقدة منـذ ذلـك الحيـن. ويلـي، لقد كذبـتُ على الشـرطة بشـأن وجـود شـون هنـا فـي الليلـة التـي ماتـت فيهـا أليـس العجـوز. لقـد كذبـتُ علـى الجميـع، حتَّـى علـى أليـس، وهـي تعرف ذلـك. أعتقـد أنَّـه ربَّمـا كان علـيَّ أن أقـول الحقيقـة أو أقـول شـيئًا. لا يمكنني تحمُّل هـذا بعد الآن. إنَّ الأمـر يستبدُّ بـي مـا حييت.

وشون، إنَّه يجعلني أشعر بالإزعاج. أشعر بالخجل من أنَّه ابني. أعتقد أنَّني بحاجة لقول الحقيقة من أجل أليس».

نظر ويلي إليها وكأنَّه لا يعرفها. «أمَّاه، هل أنتِ جادَّة؟ لا تكوني غبيَّة. بغضِّ النظر عن مقدار ما في شون من ميول للسرقة، فأنتِ من بين كلِّ الناس لا تستطيعين أن تشي به للشرطة. أنتِ أمه! سأتعامل معه. هو يحتاج إلى أن يفهم الأمر. إنَّه كبير ولا يحتاج أن يدخلك في الفوضى التي تسبَّب فيها. تحتاجين إلى رمي هذا الكتاب المُقدَّس في سلَّة المهملات، حيث ينتمي، وتذكَّري من هم عائلتك الحقيقيَّة!»

تَوَقَّف

ما رأيك في نصيحة ويلي؟ فكِّر في آخر مرَّة استسلمت فيها لأصوات غير مفيدة في حياتك. لماذا استمعت إليهم أكثر من اللّه؟

من الواضح أنَّ بايدي تخشى آراء الناس أكثر من آراء الله. فقد اختبأت في الممر من منى، وكذبت على الشرطة، وراحت تتجاهل الله. كانت تعلم أنَّها كانت تفعل الشيء الخاطئ؛ حتَّى قبل أن تفتح كتابها المُقدَّس، كانت تشعر بالذنب وكان ضميرها يخدشها. على الرغم من ذلك، فهي تصارع من أجل فعل الشيء الصحيح لأنَّها تعرف أنَّها إذا فعلت ذلك فقد تُرفض من قِبَل عائلتها والمجتمع الأوسع.

يفعل الكثير منَّا نفسَ الشيء. نتوق إلى موافقة الآخرين. نخشى رفضهم وإدانتهم وغضبهم. نشعر أنَّنا نريدهم أن يقبلونا، ومثل بايدي، تتحكَّم فينا هذه الرغبات.

غالبًا ما يوجد شخص مُعيَّن أو نوع من الأشخاص نتوق إلى موافقته: الآباء أو الأصدقاء أو الزوج أو القس أو شخص في السلطة مثل رئيسنا. لن نعترف بذلك بشكل مباشر، لكن سلوكنا ولغتنا يكشفان الطريقة التي بها نحتاج ونريد «شيئًا ما» منهم؛ حبُّهم أو احترامهم أو قبولهم أو مدحهم أو رضاهم عنَّا.

لقد تحدَّثتُ كثيرًا في هذا الكتاب عن الأصنام – الأشياء التي تهمُّنا أكثر من الله. عندما يتعلَّق الأمر بخوف الإنسان، من المدهش أنَّ المعبود الأساسيَّ هو في الواقع نحن. أعلم أنَّك ربَّما توقَّعت منِّي أن أقول أشخاصًا آخرين، لكن **عندما نتوق إلى الموافقة والحبِّ والقبول والاطمئنان والتأكيد، فإنَّنا نطلب منهم بشكل أساسيٍّ، بطريقة ملتوية، أن يعبدونا**. كلُّ شيء هو عنَّا نحن!

هل بدأنا ندرك تأثير خوف وخشية الإنسان في حياتنا؟ الآن نحن بحاجة إلى التفكير في كيفيَّة تعاملنا معها.

تَوَقَّف

كيف تعتقد أنَّك ستتعامل مع ورطة بايدي؟

نحتاج أن نذهب إلى الله ونطلب المغفرة ونطلب مساعدته. إنَّه لا يغفر للتائبين فحسب، بل سيساعدنا أيضًا على مقاومة إغراء الاستمرار في فعل ذلك.

نحتاج أن نتذكَّر من الذي يدور حوله كلُّ شيء – الله – وأن نتعلَّم كيف نفكِّر فيه.

«فَإِنَّكُمْ إِنَّمَا دُعِيتُمْ لِلْحُرِّيَّةِ أَيُّهَا ٱلْإِخْوَةُ. غَيْرَ أَنَّهُ لَا تُصَيِّرُوا ٱلْحُرِّيَّةَ فُرْصَةً لِلْجَسَدِ، بَلْ بِٱلْمَحَبَّةِ ٱخْدِمُوا بَعْضُكُمْ بَعْضًا».
(غلاطية ٥: ١٣)

هذا شيء صارعت معه بشكل متقطِّع لسنوات. لا يسيطر عليَّ كما كان قبلًا، لكنَّني لستُ بالغباء الكافي لأقول إنَّ الأمر قد تملَّكني بالكامل. على مرِّ السنين، أدركتُ نقاط ضعفي بسرعة أكبر وتعلَّمتُ أن أركض إلى الله قبل أن تصبح مشكلة. في الأساس، أحاول أن أكون يقظة، وأشرك عقلي وأتأكَّد من أنَّ لديَّ مُساءلة جيِّدة. إذا لم نتعامل مع هذا الأمر، فسوف يستمرُّ في التعمُّق أكثر في قلوبنا وعاداتنا، وما لم نركض إلى المسيح بالتوبة والصلاة، فسيظل الناس دائمًا أكثر أهميَّة لنا من الله.

توقَّف

سأتركك مع السؤال: «ما هو الأهمُّ بالنسبة لك من الله هذا الأسبوع؟» ما هي إجابتك الصادقة؟

لا يمكننا السماح لخوف الإنسان أن يحكمنا. نحتاج أن نركض إلى الله ونتوب ونتَّكل عليه ونطلب منه أن يساعدنا في التعامل مع هذا الصنم المُعطِّل.

نقطة مفتاحيَّة

عندما نستبدل خوف الربِّ في حياتنا بخوف الناس، فإنَّ ما نخشاه يميل إلى أن يكون هو ما يحكمنا. بدلًا من أن يحكم الله حياتنا، يحكمنا الناس وآراؤهم.

آيات للحفظ

«خَشْيَةُ ٱلْإِنْسَانِ تَضَعُ شَرَكًا، وَٱلْمُتَّكِلُ عَلَى ٱلرَّبِّ يُرْفَعُ». (أمثال ٢٩: ٢٥)

مُلخَّص

عندما نستبدل خوف الربِّ في حياتنا بخوف الناس، نواجه مشكلة. أيًّا كان؛ سواء أكان أبونا أو أمنا أو ابننا، أو شريكنا، أو صديقنا المفضَّل، كثيرًا ما نشعر بالقلق بشأن ما سيفكِّر فيه الناس. قد يقودنا هذا إلى تبديل أو تغيير سلوكنا وآرائنا لتناسبهم وليس لتناسب الله. لا نريد أن ينتهي بنا المطاف مثل شاول، قائلين: «لقد أخطأت إليك، يا ربُّ، لأنَّني أهتمُّ بآراء الناس أكثر من آرائك. لقد استمعت إلى ما يريدون، وفعلته. لقد قادوني إلى الطريق الخطأ عوضًا عن أن انشغل بك».

ما المقصود؟

نحتاج أن نتعلّم
كيف نتعامل مع
النزاع بتقوى.

٧- التعامل مع النزاع

بايدي

تقف بايدي عند محطَّة الأتوبيس، تنتظر الحافلة رقم ٣٠. قبل موعد الحافلة مباشرةً، بدأ زوجان في الاقتراب من محطَّة الحافلات، من الواضح أنَّهم ليسا سعيدين. عندما اقتربا، تمكَّنت في الواقع من سماع المناقشة الساخنة الجارية بينهما. إنَّهما يتشاجران حول من الذي سيقوم برعاية طفلتهما في ذلك اليوم. شعرت بايدي بالحزن على الفتاة الصغيرة التي تسير بجانبهما وتفكِّر في نفسها: «هذه الفتاة المسكينة ستشعر وكأنَّها غير مرغوب فيها إذا لم يصمتا». حتَّى عندما صعدا إلى الحافلة، علا صوتهما أكثر فأكثر. في مرحلة ما، اعتقدت بايدي أنَّ السائق سوف ينهض ويطردهما من الحافلة.

«اَلْجَوَابُ ٱللَّيِّنُ يَصْرِفُ ٱلْغَضَبَ، وَٱلْكَلَامُ ٱلْمُوجِعُ يُهَيِّجُ ٱلسَّخَطَ».
(أمثال ١٥: ١)

عندما نسمع عن النزاع، تقفز عقولنا تلقائيًّا إلى الأشياء الكبيرة، مثل الصراخ التي رأته بايدي في الحافلة أو لكمة في الشارع. لكن ليس كلُّ نزاع ينطوي على تسديد اللكمات؛ في الواقع، فإنَّ الكثير من الصراعات والنزاعات الموجودة بيننا هي أكثر لطفًا. لنفكِّر مثلًا في أنَّه للحظة بينما نتأمَّل في منشورنا على فيس بوك رأينا أنه نُشرَ بشكل خاطئ،

أو النصّ الذي أرسلناه والذي فُسّر بشكل خاطئ،

أو رسالة البريد الإلكترونيّ القاسية التي أرسلناها دون التفكير في الأمر،

أو التعليق الخادع،

أو المزاح الذي تمادى بشكلٍ كبير، أو التعليق الساخر الذي كان يهدف إلى إيصال وجهة نظرنا،

أو تلك النكتة الحادَّة المليئة بالأمور الحقيقيَّة.

المُحزن أنَّه عندما يتعلَّق الأمر بالنزاع، فإنَّه لا يقتصر على العالم فقط؛ يمكن أن يكون المسيحيُّون مذنبين بذلك أيضًا. قد لا يكون الأمر واضحًا أو عنيفًا مثل تسديد اللكمات أو ضرب شخص ما على رأسه بمضرب البيسبول. لكن التعليقات السيِّئة والكلمات القاسية والأصوات المرتفعة والغَيْبَة ليست سوى أمثلة قليلة على النزاع الخفي الذي قد تراه بين المسيحيِّين، وخاصَّةً عبر الإنترنت!

النزاع أمرٌ لا مفرَّ منه، ممَّا يعني أنَّنا بحاجة إلى التفكير فيه. نحن بحاجة إلى فهم النزاع، وما الذي يحدث بالفعل وكيفيَّة التعامل معه بشكل جيِّد. نحن بحاجة إلى فهمه من منظور كتابيٍّ، وأن نتعلَّم كيفيَّة التعامل معه بطريقة بها تقوى.

تَوَقَّف

فكّر في نزاع حديث؛ نزاع لم يكن عنيفًا أو صاخبًا. ما نوع التأثير طويل المدى الذي تعتقد أنّه تسبّب فيه؟

تَوَقَّف

لماذا تعتقد أنَّ الخلافات والنزاعات تنشأ؟

في العالم، عندما يتعلَّق الأمرُ بالنزاع، فالأمر كلُّه يتعلَّق بالحلِّ: الخروج بحلٍّ يمكن أن تعيش فيه رغبتان متعارضتان في وئام مع بعضهما البعض. لكن هل هذا ممكنٌ فعلًا؟ هل يمكن لشخصين لهما رغباتٌ مشروعة ولكنَّها غيرُ قابلة للتوفيق أن يحصل كلاهما على ما يريدان؟

أنا أشكُّ في ذلك.

ولكن لتجاوز الصدام، يتعيَّن على شخص ما – أو بشكل أكثر واقعيَّة، كلا الطرفين – تقديم تنازلات بطريقة أو بشكلٍ ما. إنَّها مسألة أخذ وعطاء وهم يتفاوضان بشأن نوع من السلام أو الهدنة.

الحقيقة هي أنَّ معاهدة السلام هذه قد تكون مؤقَّتة. حتَّى إذا تمَّ التوصُّل إلى حلٍّ وسط، فكلُّ ما يتطلَّبه الأمر هو تحوُّل بسيط في الرغبة، تلميح إلى أنَّ الشخص الآخر لا يسير على الخطِّ أو يصعد إلى الهدف، ويشتعل الصراع مرَّة أخرى. ليست الهدنة حلًّا دائمًا، لكنَّها في بعض الأحيان تنجح في التخفيف من حدَّة الوضع.

يمكننا أن نرى بسهولة كيف يصبح هذا عملًا تجاريًّا كبيرًا. فبعد كلِّ شيء، هناك حاجة إلى مزيد من الاجتماعات لحلِّ النزاعات، وتُوضع المزيد من الحلول الوسط والضمنات حتَّى تبدأ الدورة مرَّة أخرى. لا عجب أنَّ الشركات البريطانيَّة تنفق على ذلك أكثر

من ٣٣ مليار جنيه إسترليني سنويًّا.[1] إنَّه عمل تجاري ذاتي ومستمر ولا يصل أبدًا إلى جذر المشكلة. لماذا؟ لأنَّ العالم يشخِّص المشكلة بشكل خاطئ وبالتالي فهو في النهاية لا يحلُّ الصراع على المدى الطويل.

في الأساس، يقدِّم العالم حلًّا سطحيًّا لمشكلة عميقة الجذور.

«**لِأَنَّ غَضَبَ ٱلْإِنْسَانِ لَا يَصْنَعُ بِرَّ ٱللهِ**». (يعقوب ١: ٢٠)

تَوَقَّف

ما رأيك في المشكلة الحقيقيّة؟ لماذا الناس في صراع دائم؟

لكي نفكِّر في هذا الأمر حقًّا، نحتاج إلى النظر إلى ما يقوله الكتاب المُقدَّس، وعندما يتعلَّق الأمر بالصراع، يبدو أنَّ هناك مكانًا واحدًا واضحًا يجب الذهاب إليه، وهو سفر يعقوب. انظر إلى الآيات ٤: ١-٢. إنَّ يعقوب الرسول واضح جدًّا بشأن جوهر الصراع.

«**مِنْ أَيْنَ ٱلْحُرُوبُ وَٱلْخُصُومَاتُ بَيْنَكُمْ؟ أَلَيْسَتْ مِنْ هُنَا: مِنْ لَذَّاتِكُمُ ٱلْمُحَارِبَةِ فِي أَعْضَائِكُمْ؟ تَشْتَهُونَ وَلَسْتُمْ تَمْتَلِكُونَ. تَقْتُلُونَ وَتَحْسِدُونَ وَلَسْتُمْ تَقْدِرُونَ أَنْ تَنَالُوا. تُخَاصِمُونَ وَتُحَارِبُونَ وَلَسْتُمْ تَمْتَلِكُونَ، لِأَنَّكُمْ لَا تَطْلُبُونَ**». (يعقوب ٤: ١-٢)

يعقوب الرسول واضح جدًّا بشأن ما يجعلنا نتشاجر ونتقاتل: نحن لا نحصل على ما نريد. نحن نتصارع لأنَّ رغباتنا – أي ما نريده – يتمُّ إفشالها من قِبَل شخص ما أو شيء ما.

---

[1] <https://www.cedr.com/news/?item=Conflict-is-costing-business-GBP- 33-billion-every-year>. Date accessed 28th August 2019.

في تلك اللحظة، تتحكَّم شهواتنا ورغباتنا في حياتنا.

إنَّها في منافسة مع شخص آخر، وهذا هو سبب اندلاع الصراع. في النهاية، عندما يحدث هذا، تتنافس رغباتنا بشكل مباشر مع سلطان الله في حياتنا.

أريد أن أفكِّر في هذا قليلًا. ليس الأمر كما لو أنَّ الرغبة في حدِّ ذاتها تسبِّب الصراع؛ بدلًا من ذلك، فإنَّ المكانة التي نمنحها لرغباتنا هي التي تسبِّب الصراع. قد تكون الرغبة نفسها بريئة، بل حتَّى رغبة جيِّدة، لكنَّنا نلويها. عندما تتعرَّض أصنامنا للتهديد وعندما لا نحصل على ما نريد، تأتي الصراعات والمشاجرات والمعارك. قد يرى العالم رغباتنا على أنَّها مشروعة، ولكن ليس هذا ما يراه الكتاب المُقدَّس من جهة أحكامها في حياتنا.

يبدو الأمر كأننا نقول: «لتكن مشيئتي، والويل لك إذا وقفت في طريقي».

 **بايدي**

في الأسابيع القليلة الماضية، عادت بايدي إلى الكنيسة وقراءة كتابها المُقدَّس. لكن الأهم من ذلك كله، أنَّها رتَّبت الأمور مع الله وتأسَّفت. إنَّها تعرف ما عليها أن تفعله، هي فقط لا تريد فعل ذلك. لقد كانت تخشى الحديث مع شون، لكن لا بدَّ من القيام بذلك. جلست على الطاولة، وراحت تعبث بعشائها، بدأت أخيرًا: «شون، لقد كنت أفكِّر في هذا لفترة من الوقت وأنا أعلم أنَّك لن تحبَّ ما سأقوله، لكن لا يمكنني الكذب من أجلك حول أليس. هذا ليس صحيحًا والله لا يريدني أن أفعل ذلك».

غضب شون، وبينما كان يقذف العشاء على الطاولة، تحطَّم الطبق إلى قطع. وصرخ في وجه والدته: «ماذا! سأخبرك برأيي في إلهك!» أمسك شون أمه، وصرخ وصاح في وجهها، وهدَّدها بكلِّ أنواع التهديد. بكت بايدي بلا حسيب ولا رقيب، لكنَّها لم تتوقَّع أبدًا ما حدث بعد ذلك. ضربها شون ضربة شديدة بظهر يده على وجهها، حتَّى أنَّها شعرت بأسنانها ترتجف. جعلتها قوَّة الضربة تطير. وبدت الثواني التالية مثل الدقائق الأخيرة إذ كانا يحدِّقان إلى بعضهما البعض، وكلاهما مذهول ممَّا فعله شون. ثمَّ خرج شون من الباب. وعلمت بايدي حينها أنَّها لا تستطيع إعادته إلى المنزل.

تَوَقَّف

فكِّر في آخر مرَّة قضيتَ فيها لحظة مع شخص تشاجرتَ أو تنازعت معه. كيف كان ردُّك؟

«اَلْجَوَابُ ٱللَّيِّنُ يَصْرِفُ ٱلْغَضَبَ، وَٱلْكَلَامُ ٱلْمُوجِعُ يُهَيِّجُ ٱلسَّخَطَ». (أمثال ١٥: ١)

فكِّر في الصراع واسأل نفسك أحد أسئلتي المفضَّلة: «ما الذي كنت أريده ولم أحصل عليه؟» أو «كيف كنت ألعب دور الله لأُتمِّم إرادتي؟» في النهاية، علينا أن نسأل أنفسنا بشكل أصعب السؤال: «كيف أحبُّ الله وأطيعه في هذا، وهل أنا أحبُّ قريبي على الإطلاق؟» قد يكون هذا الأمر صعبًا قليلًا.

عندما يتعلَّق الأمر بالصراع، قد يكون صحيحًا أنَّ الشخص الآخر كان أحمق تمامًا. ربَّما قالوا أسوأ شيء سمعناه، وتصرَّفوا كحمقى غير مبالين. لكن هذا لا يعفي سلوكنا. لا يمكننا أن نقول لله إنَّهم جعلونا نقول ذلك أو نفكِّر فيه أو نفعله.

يعيننا الله على فهم دورنا في أيِّ صراع. يكشف ما قدَّمناه كيف أنَّ رغباتنا الملتوية موجودة حقًّا في قلوبنا. يذكِّرنا يعقوب أنَّه عندما تكون دوافعنا خاطئة، نصبح أعداءً لله:

« تَطْلُبُونَ وَلَسْتُمْ تَأْخُذُونَ، لِأَنَّكُمْ تَطْلُبُونَ رَدِيًّا لِكَيْ تُنْفِقُوا فِي لَذَّاتِكُمْ. أَيُّهَا ٱلزُّنَاةُ وَٱلزَّوَانِي، أَمَا تَعْلَمُونَ أَنَّ مَحَبَّةَ ٱلْعَالَمِ عَدَاوَةٌ لِلهِ؟ فَمَنْ أَرَادَ أَنْ يَكُونَ مُحِبًّا لِلْعَالَمِ، فَقَدْ صَارَ عَدُوًّا لِلهِ. أَمْ تَظُنُّونَ أَنَّ ٱلْكِتَابَ يَقُولُ بَاطِلًا: ٱلرُّوحُ ٱلَّذِي حَلَّ فِينَا يَشْتَاقُ إِلَى ٱلْحَسَدِ؟» (يعقوب ٤: ٣-٥)

لكنَّ الوضع ليس كلّه كئيب ومقبض.

«وَلَكِنَّهُ يُعْطِي نِعْمَةً أَعْظَمَ. لِذَلِكَ يَقُولُ: «يُقَاوِمُ ٱللهُ ٱلْمُسْتَكْبِرِينَ، وَأَمَّا ٱلْمُتَوَاضِعُونَ فَيُعْطِيهِمْ نِعْمَةً»». (يعقوب ٤: ٦)

هذا مذهل. هل ترى الوعد؟ يعطينا الله المزيد من النعمة. **إنَّ نعمته أعظم من خطايانا**. عندما نرجع إلى الله بالتوبة، فإنَّه يعطينا نعمته ومغفرته ورحمته بشكل مثير للدهشة. لا يشرح يعقوب في الواقع كيف تأتي هذه النعمة؛ يفترض أنَّنا نعلم أنَّ يسوع وضع نفسه على الصليب، ومات وقام مرَّة أخرى. يذكِّرنا يعقوب أنَّه في المسيح يساعدنا على التعامل مع أي موقف، حتَّى النزاع.

«فَٱخْضَعُوا لِلهِ. قَاوِمُوا إِبْلِيسَ فَيَهْرُبَ مِنْكُمْ. اِقْتَرِبُوا إِلَى ٱللهِ فَيَقْتَرِبَ إِلَيْكُمْ. نَقُّوا أَيْدِيَكُمْ أَيُّهَا ٱلْخُطَاةُ، وَطَهِّرُوا قُلُوبَكُمْ يَا ذَوِي ٱلرَّأْيَيْنِ». (يعقوب ٤: ٧-٨)

تَوَقَّف

لذا، كيف يجب أن نتعامل مع الصراع بشكل أفضل؟

في يعقوب ٤: ١-٨، يقدِّم بعض المؤشِّرات العمليَّة التي تساعدنا في التعامل مع الصراع بشكل جيِّد.

أوَّلًا، اضغط على زرِّ الإيقاف المؤقَّت ولاحظ ما يحدث بالفعل. هل نحن نُمثِّل الشخص المتمركز حول ذاته وحول الأنا، ويقوم بتحريف وتشويه الحقيقة لصالح نفسه؟

في الأساس، هل هي مشكلتنا نحن؟

في خِضَم أيِّ نزاع، يجب أن نبحث عمَّا يحدث بقلبنا الخاطئ. أنا لا أقول إنَّنا لا نستطيع أبدًا أن نكون غاضبين بحقٍّ، لكن هذا سيكون الاستثناء وليس القاعدة. بشكل رئيسي، عندما يحدث الصراع، هناك قلبان شرِّيران يتقاتلان من أجل شيء يريده كلٌّ منهما.

«تَطْلُبُونَ وَلَسْتُمْ تَأْخُذُونَ، لِأَنَّكُمْ تَطْلُبُونَ رَدِيًّا لِكَيْ تُنْفِقُوا فِي لَذَّاتِكُمْ». (يعقوب ٤: ٣)

ثانيًا، يذكِّرنا يعقوب بوضوح أنَّه يجب أن نصلِّي. هذا لا يعني أنَّنا نصلِّي فقط من أجل ما نريد ثمَّ نتشدَّق لأنَّنا لم نحصل عليه. لا، يجب أن نصلِّي بشأن ما يحدث بالفعل. إنَّ إدراكنا لخطايانا وحاجتنا إلى الله

يعيدنا إليه في التوبة والصلاة. يمنحنا القوَّة لمقاومة التجربة وطاعة إرادته.

«وَإِنْ أَخْطَأَ إِلَيْكَ أَخُوكَ فَٱذْهَبْ وَعَاتِبْهُ بَيْنَكَ وَبَيْنَهُ وَحْدَكُمَا. إِنْ سَمِعَ مِنْكَ فَقَدْ رَبِحْتَ أَخَاكَ. وَإِنْ لَمْ يَسْمَعْ، فَخُذْ مَعَكَ أَيْضًا وَاحِدًا أَوِ ٱثْنَيْنِ، لِكَيْ تَقُومَ كُلُّ كَلِمَةٍ عَلَى فَمِ شَاهِدَيْنِ أَوْ ثَلَاثَةٍ. وَإِنْ لَمْ يَسْمَعْ مِنْهُمْ فَقُلْ لِلْكَنِيسَةِ. وَإِنْ لَمْ يَسْمَعْ مِنَ ٱلْكَنِيسَةِ فَلْيَكُنْ عِنْدَكَ كَٱلْوَثَنِيِّ وَٱلْعَشَّارِ». (متى ١٨: ١٥-١٧)

أخيرًا، إنَّ متى ١٨ واضح في كيفيَّة تعاملنا مع الصراع. لكن لنكن واضحين، لا يقول متى:

> إذا أخطأ إليك أخوك أو أختك، فاستمرَّ في الشكوى من وراء ظهريهما. نعم، أنت محقٌّ في التوقُّف عن التحدُّث إليهما. نعم، أنت محقٌّ في أن تغضب منهما تمامًا، وأن تتكلَّم عنهما، ففي النهاية، العين بالعين وما إلى ذلك.

لا! لا يقول متَّى أيًا من هذه الأشياء. إنَّه واضح تمامًا؛ إذا كانت لدينا مشكلة مع أخ أو أخت، فاذهب بصلاة وحاول رؤيتهما وجهًا لوجه. إذا لم يفلح ذلك، اصطحب معك مؤمنًا ناضجًا وتحدَّث معهما مرَّة أخرى. في هذه المرحلة، إذا كانت لا تزال هناك مشكلة ولا شيء يعمل بنجاح، فتحدَّث إلى الشيوخ، الذين سيصلُّون ويرشدون، وأخيرًا خذه إلى الكنيسة إذا لزم الأمر.

لكن يجب أن يبدأ كلُّ هذا بمحادثة فرديَّة.

قد لا يعرف الكثير منَّا ما إذا كنَّا قد أسأنا للآخرين. بعد كلِّ شيء، فإنَّ قراءة الأفكار ليست موهبة روحيَّة. لذا في هذه اللحظات، يجب أن نظهر للآخرين ما أظهره لنا الله من نعمة ورحمة. يجب أن نفكِّر فيهم جيِّدًا ونتعامل بسرعة مع أيِّ أمر. لا تعطِ الشيطان شبرًا واحدًا لأنَّه إذا فعلت ذلك، فسوف يحوِّل تلك البثرة الصغيرة من الكلمات القاسية إلى جبل من الأسف.

تَوَقَّف

كيف تعتقد أنَّ اللّه يمكن أن يستخدم لحظات الصراع لدينا من أجل الشهادة بالإنجيل؟

نقطة مفتاحيَّة

لقد مررنا جميعًا في هذا نوع من الصراع. نحتاج أن نتعلَّم كيف نتعامل معه بطريقة صالحة ومفيدة.

آيات للحفظ

«**يُوجَدُ مَنْ يَهْذُرُ مِثْلَ طَعْنِ ٱلسَّيْفِ، أَمَّا لِسَانُ ٱلْحُكَمَاءِ فَشِفَاءٌ**». (أمثال ١٢: ١٨)

مُلخَّص

لقد مررنا جميعًا بلحظات من الصراع، وأوقات كنَّا نتراجع فيها على الفور عن الكلمات الجارحة التي قلناها في اللحظة التي خرجت

فيهـا مـن أفواهنـا. فـي كثيـر مـن الأحيـان، لا نشـرك عقولنـا، وينتهـي بنـا الأمـر أن نـؤذي النـاس بكلامنـا. يحـدث الصـراع سـواء عـن قصـد أو بسـبب غباءنـا الأعمـى. عـادةً، نريـد شـيئًا لـم نحصـل عليـه. نحتـاج أن نتعلَّم كيف نتعامل مـع الصـراع بـأن نظهر للآخرين النعمـة والصبر واللطـف التـي أظهرهـا لنـا المسـيح.

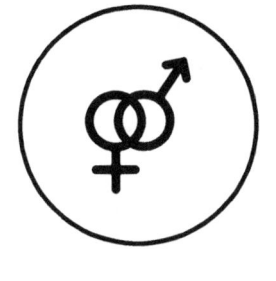

ما المقصود؟

يطلب منّا اللّه
في بعض الأحيان
أن نصلح ما قد
حطّمناه.

٨- تصحيح الأمور

قد يكون قولُ «آسف» هو الأصعب على الإطلاق. إنَّها كلمة لا يجب أن نقولها لله فقط، ولكن أيضًا للأشخاص الذين آذيناهم. عندما تتحطَّم علاقاتنا، نحتاج إلى محاولة تصحيحها – قد يعني هذا أيضًا علاقات من قبل أن نكون مؤمنين.

ربَّما يكون هذا أحد أهمِّ فصول هذا الكتاب. في الفصل السابق نظرنا تحديدًا في كيفيَّة التعامل مع النزاع، وتطرَّقنا بإيجاز إلى بعض المبادئ الكتابيَّة التي نجدها في متَّى. اقرأ المقطع مرَّة أخرى للمراجعة:

«وَإِنْ أَخْطَأَ إِلَيْكَ أَخُوكَ فَٱذْهَبْ وَعَاتِبْهُ بَيْنَكَ وَبَيْنَهُ وَحْدَكُمَا. إِنْ سَمِعَ مِنْكَ فَقَدْ رَبِحْتَ أَخَاكَ. وَإِنْ لَمْ يَسْمَعْ، فَخُذْ مَعَكَ أَيْضًا وَاحِدًا أَوِ ٱثْنَيْنِ، لِكَيْ تَقُومَ كُلُّ كَلِمَةٍ عَلَى فَمِ شَاهِدَيْنِ أَوْ ثَلَاثَةٍ. وَإِنْ لَمْ يَسْمَعْ مِنْهُمْ فَقُلْ لِلْكَنِيسَةِ. وَإِنْ لَمْ يَسْمَعْ مِنَ ٱلْكَنِيسَةِ فَلْيَكُنْ عِنْدَكَ كَٱلْوَثَنِيِّ وَٱلْعَشَّارِ». (متى ١٨: ١٥-١٧)

في هذا الفصل، سنلقي نظرة على الاسترداد. الآن، إذا كنتَ مثلي، عندما تسمع كلمة «الاسترداد»، تفكِّر في أحد تلك البرامج التلفزيونيَّة حيث يتولَّى زوجان إعمار بناء مهجور، ومن خلال الدم والعرق والكثير من الدموع، يستردَّانه إلى ما كان عليه في حالته الأصليَّة. يكون الأمر بمثابة كابوس من ثلاث سنوات من المعارك المرهقة لهم، حتَّى وإن بدا لنا مثل ستِّين دقيقة من المشاهدة الممتعة.

يعني «الاسترداد» إعادة شيء ما إلى حالته الأصليَّة أو إصلاحه بحيث يعمل بشكل جيِّد، ولكن ربَّما بطريقة جديدة.

وبصفتنا مسيحيِّين، عندما نتحدَّث عن الاسترداد، فإنَّنا لا نتحدَّث عن مشروع بناء، ولكن عن علاقاتنا الشخصيَّة التي يجب استردادها وتصحيحها.

🗝 «فَتُوبُوا وَٱرْجِعُوا لِتُمْحَى خَطَايَاكُمْ، لِكَيْ تَأْتِيَ أَوْقَاتُ ٱلْفَرَجِ مِنْ وَجْهِ ٱلرَّبِّ. وَيُرْسِلَ يَسُوعَ ٱلْمَسِيحَ ٱلْمُبَشَّرَ بِهِ لَكُمْ قَبْلُ. ٱلَّذِي يَنْبَغِي أَنَّ ٱلسَّمَاءَ تَقْبَلُهُ، إِلَى أَزْمِنَةِ رَدِّ كُلِّ شَيْءٍ، ٱلَّتِي تَكَلَّمَ عَنْهَا ٱللهُ بِفَمِ جَمِيعِ أَنْبِيَائِهِ ٱلْقِدِّيسِينَ مُنْذُ ٱلدَّهْرِ». (أعمال الرسل ٣: ١٩-٢١)

قبل أن نكون مؤمنين، كانت علاقتنا مع الله محطَّمة تمامًا، وانفصلنا عنه بسبب خطايانا. لكن يسوع، بموته على الصليب، صالحنا مع الله. قال رجل يُدعى بول تريب (Paul Tripp): «إنَّ أعظم عمل للعلاقات البشريَّة ليس السعي وراء السعادة البشريَّة بل المصالحة مع الله».[1] لذلك، لم نعد منفصلين عن الله، بل صرنا أبناء الله، وجُلبنا إلى عائلته، بعد أن غفر لنا تمامًا. نعم، نعم، أعرف هذا، لقد سمعتك تقولي ذلك في المرَّة الأولى. فلماذا أخبرك مرَّة أخرى؟ أنا أكرِّر لأنَّنا ننسى، وعلينا أن نتذكَّر.

🗝 «رُدَّ لِي بَهْجَةَ خَلَاصِكَ، وَبِرُوحٍ مُنْتَدِبَةٍ ٱعْضُدْنِي». (مزمور ٥١: ١٢)

---

[1] Paul Tripp, 'Speaking Receptively' (*The Journal of Biblical Counselling*, 16:3, Spring 1998).

على الرغم من أنَّ المسيحيِّين قد غُفِرت لهم تمامًا خطايا الماضي، إلاَّ أنَّ الله قد يطلب منَّا أن نحاول استرداد الشيء الذي كُسر. دعوني أطرح الأمر بشكل مباشر أكثر. قبل أن نكون مؤمنين، ربَّما فعلنا بعض الأشياء الفظيعة للناس. قد تكون بعض علاقاتنا قد انقطعت تمامًا، وربَّما إلى الأبد.

قد تكون كلمة «آسف» هي أصعب كلمة يمكن قولها، ولكنَّها قد لا تكون كافية لاستعادة ثقة شخص تسببنا له في الأذى بشكل كبير لسنوات. قد يستغرق الأمر وقتًا حتَّى يروا أنَّك قد تغيَّرت حقًّا. قد تضطرُّ إلى قبول أنَّهم قد لا يثقون بك مرَّة أخرى، لا يمكن إصلاح ذلك.

تَوَقَّف

هل تعتقد أنَّ قول آسف يكفي لمداواة كلّ الجراح التي أحدثتها؟

قبل أن تضع قائمة ضخمة من الأسماء وتبدأ في طرق الكثير من الأبواب، تحدَّث أوَّلًا إلى مؤمن حكيم وناضج أو أحد شيوخك حول هذا الموضوع. شارك معه أسماء الأشخاص الذين تعتقد أنَّك بحاجة للتحدُّث معهم، ولماذا انقطعت العلاقة، واطلب منه الحكمة والصلاة. إذا كنت أنت المعتدي أو الجاني المستمرَّ، فإنَّ الاقتراب من شخص ما – حتَّى مع النوايا الصحيحة لطلب للمغفرة – من المحتمل أن يرعبه. قد تجعل الأمور في الواقع أسوأ في محاولتك لبدء تحسين الأمور.

أفترض أنَّ ما أحاول قوله هو، كن حكيمًا.

بايدي

تجلس بايدي ومنى على طاولة المطبخ لقضاء المشورة الأسبوعيَّة. لقد كانتا تجتمعان منذ زمن طويل، وتتحدَّثان عن كلِّ شيء تقريبًا. حاولت منى التحدُّث إلى بايدي عن شون ولم تبتعد كثيرًا. اليوم، ستحاول مرَّة أخرى. «بايدي، هناك شيء أريد أن أتحدَّث معك عنه، وأنا أعلم أنَّك ستجدين صعوبة في سماعه؛ أريد أن أتحدَّث معك عن شون».

لم تكن بايدي قد غفرت لشون. حتَّى عندما فكَّرتْ في تلك الليلة، أرادت غريزيًّا أن تلمس وجهها. ضربها شون بشدَّة لدرجة أنَّها أصيبت بكدمة شديدة وانتفاخ في الوجه لعدَّة أيام. عندما اكتشف أبناؤها الآخرون، كان كلُّ ما يمكنها فعله هو منعهم من ضربه. لقد جعلتهم يوعدونها بألَّا يفعلوا ذلك، واتَّفقوا فقط في حالة أنَّها لن تسمح له بالعودة إلى المنزل. بصراحة، لم تكن بحاجة إلى الإقناع حقًّا. أدركت أنَّه لا يمكنه العودة إلى المنزل بعد ذلك. كانت خائفة من ابنها. «منى، لا أريد أن أتحدَّث عن هذا».

«عزيزتي، من فضلك استمعي إلى ما لدي لأقوله. أعلم أنَّه صعب، لكنَّه مهم، وإلَّا لما كنت أتطرَّق إليه. أنت تعلمين أنَّ شون كان قادمًا إلى الخدمة المسائيَّة، لكنَّه أيضًا كان يجتمع مع آندي لدراسة الكتاب المُقدَّس منذ شهور ويحضر جميع اجتماعات الصلاة الصباحيَّة. الليلة الماضية، أصبح مؤمنًا، ويعتقد آندي أنَّه حقيقيٌّ».

ساد الصمت فترة طويلة قبل أن تتكلَّم بايدي. «حسنًا، لقد أخبرتيني. الآن لا أريد أن أتحدَّث عن ذلك بعد الآن».

لقد تحطَّمتْ العلاقة بين بايدي وشون تمامًا بسبب سلوك شون العنيف وتحتاج بالتأكيد إلى استردادها. إنَّه أمر مهمٌّ لعدَّة أسباب، ولكن إذا رفضت بايدي أن تسامح شون وتتصالح معه، فإنَّها ستضرُّ بعلاقتها مع الله.

«مِنْ أَجْلِ ذَلِكَ أَقُولُ لَكَ: قَدْ غُفِرَتْ خَطَايَاهَا ٱلْكَثِيرَةُ، لِأَنَّهَا أَحَبَّتْ كَثِيرًا. وَٱلَّذِي يُغْفَرُ لَهُ قَلِيلٌ يُحِبُّ قَلِيلًا». (لوقا ٧: ٤٧)

تَوَقَّف

إن كنت محلَّ بايدي، فهل يمكنك أن تسامح شون؟ هل تعتقد أنَّ هناك أيَّة علاقات قد يرغب الله في أن تحاول أن تستردَّها؟

بايدي

يجلس شون مع آندي يحتسيان الشراب. لقد كانا يتحدَّثان عن والدته لما يقرب من مئة مرَّة. «آندي، لا أعرف إلى متى يمكنني الاستمرار في تجنُّبها. أعتقد أنَّني يجب أن أبتعد؛ سيكون أسهل شيء لكلينا. هي لن تقبل أبدًا أنَّني ربَّما أكون قد تغيَّرت».

تَوَقَّف

في رأيك، ما الذي يجب أنَّ يفعله شون؟ كيف تعتقد أنَّه يجب أن يتحدَّث مع والدته؟

«بِكُلِّ تَوَاضُعٍ وَوَدَاعَةٍ وَبِطُولِ أَنَاةٍ، مُحْتَمِلِينَ بَعْضُكُمْ بَعْضًا فِي ٱلْمَحَبَّةِ. مُجْتَهِدِينَ أَنْ تَحْفَظُوا وَحْدَانِيَّةَ ٱلرُّوحِ بِرِبَاطِ ٱلسَّلَامِ». (أفسس ٤: ٢-٣)

سيكون الأمر أسهل بكثير إذا كان بإمكاننا الابتعاد كما يريد شون، لكن هذا لن يكون أفضل شيء له أو لأمه على المدى البعيد. يمكن أن يكون بنفس الطريقة بالضبط معنا. قد يكون من الأسهل الابتعاد وعدم مواجهة الأمر. سيكون استرداد أيَّة علاقة محطَّمة أمرًا صعبًا. يجب أن نختار أن نحبَّ الربَّ بما يكفي لنرغب في القيام بالأشياء الصعبة التي يطلبها منَّا، ليس فقط لأنَّ ذلك هو الأفضل لنا، ولكن ربَّما لأنَّه المفيد لهم أيضًا.

«يَرُدُّ نَفْسِي. يَهْدِينِي إِلَى سُبُلِ ٱلْبِرِّ مِنْ أَجْلِ ٱسْمِهِ». (مزمور ٢٣: ٣)

تَوَقَّف

ما هي النصيحة التي تعتقد أنَّ على آندي أن يقدِّمها لشون لمساعدته في التحدُّث إلى بايدي؟

يجب أن يقودنا التفكير في الطريقة التي تحتِّم على شون استعادة علاقته مع بايدي إلى التفكير في كيفيَّة البدء لاستعادة بعض علاقاتنا المحطَّمة. فيما يلي بعض المؤشِّرات:

- **صلِّ:** يجب أن نصلِّي ونطلب من الله الحكمة والعون قبل البدء في عمليَّة الاسترداد. تذكَّر أنَّ ما يبدو مستحيلًا بالنسبة لنا هو ممكن عند الله.

- **اتّخذ الخطوة الأولى**: بغضّ النظر عن مدى خوفنا من التفكير في الأمر، سنضطرُّ إلى أن نجبر أنفسنا عندما يتعلّق الأمر بالاسترداد. سوف يتطلّب الأمر شجاعة بالنسبة لنا للاتّصال بشخص ما فجأة. لكن يقع العبء على عاتقنا للقيام بالخطوة الأولى.

- **اتَّكل على الله**: لقد منحنا تواصُلًا مستمرًّا به من خلال الصلاة. لقد أعطانا كلمته مرشدًا لنا، الروح القدس ليقودنا إلى الحقّ، كما يساعدنا المؤمنون الآخرون على طول الطريق. اتَّكلْ على الله واعتمدْ عليه، إنَّه جدير بالثقة.

- **قل آسف**: في الواقع إنَّه لأمرٌ مُدهش ما يعمله الاعتذار الحقيقيّ من نزع فتيل الخصومة والعمل على راحة القلب. بالنسبة للكثيرين منّا، خاصَّةً إذا لم نعتذر أبدًا عن أيّ شيء في حياتنا، فقد يعلق هذا الشيء في حلوقنا. ولكن لا بدَّ من القيام به. نحن بحاجة إلى الاعتذار دون توجيه اللوم أو الاتّهام. في كثير من الأحيان نحن متكبِّرون جدًّا وعنيدون.

- **أنصِت**: استمع وأنصِت حقًّا إلى ما يقوله الناس. لا تتدخَّل كلَّ خمس ثوانٍ للدفاع عن نفسك. يحتاج الناس إلى الشعور بأنهم مسموعون.

- **كن صانع سلام:** تجاوب، لكن افعل ذلك بلطف وحبٍّ. نحن ملزمون برؤية الأشياء بشكل مختلف عنهم، لذلك علينا توخِّي الحذر. في بعض الأحيان نحتاج فقط إلى ترك الأمور تسير. تذكَّر، نحن نحاول تحقيق المصالحة، وليس إعادة فتح كلِّ الجراح وبدء الجدال من جديد.
- **تذكَّر الغاية:** تجلب المصالحة وشفاء العلاقات المحطَّمة المجد لله. هدفنا النهائيُّ هو تقديم الربِّ يسوع إلى أولئك الذين آذيناهم في الماضي.

العلاقات عمل شاق! يمكن أن تفعل عمليَّة الاسترداد أكثر بكثير من مُجرَّد إعطاء العلاقات بداية جديدة. أحد الأشياء الكبيرة التي يجب التفكير فيها هو كيف يمكن أن يشهد ذلك لعائلتنا وأصدقائنا غير المسيحيِّين. دعونا نواجه الأمر: قبل أن يخلِّصنا يسوع، ربَّما كنَّا نشعر بألم حقيقيٍّ، ونسبِّب الخراب والمتاعب، ونفكِّر في أنفسنا فقط وغالبًا ما نترك وراءنا أثرًا من الأذى. قبل المجيء إلى يسوع، ربَّما لم يكن من الطبيعيِّ أبدًا أن نقول إننا آسفون ونعني ذلك في الواقع.

يكشف هذا عن مدى التغيير الذي أحدثه يسوع فينا، بل إنَّه يمنحنا فرصًا لمشاركة الإنجيل.

تَوَقَّف

ما رأيك فيما يكونه صانع السلام حقًّا؟ ما هي أجزاء صنع السلام التي تصعب عليك؟

«أَخِيرًا أَيُّهَا ٱلْإِخْوَةُ ٱفْرَحُوا. اِكْمَلُوا. تَعَزَّوْا. اِهْتَمُّوا ٱهْتِمَامًا وَاحِدًا. عِيشُوا بِٱلسَّلَامِ، وَإِلَهُ ٱلْمَحَبَّةِ وَٱلسَّلَامِ سَيَكُونُ مَعَكُمْ».
(٢ كورنثوس ١٣: ١١)

بايدي

كان شون يفكِّر في والدته منذ وقت طويل، وكان يفكِّر هو وآندي ويصلِّيان من أجل الأمر كلَّ صباح تقريبًا. إنَّه يعلم أنَّه يجب أن يذهب ويتعامل مع الأمر. لا خيار آخر، عليه أن يتحلَّى بالشجاعة ويفعلها فقط. ولكن إذا كان صادقًا حقًّا، فهو مرعوب. مرعوب من أنَّها ستغلق الباب في وجهه. يتذكَّر اللحظة التي ضربها فيها، وهو يكره نفسه لفعله ذلك. بالتأكيد، هي تكرهه أيضًا. كان يسير كلَّ يوم لمدَّة أسبوع إلى باب والدته ويعود في الثانية الأخيرة. إنَّه هنا الآن مرَّة أخرى، يدقُّ قلبه في صدره، وهو ينقر على الباب. عندما فتح الباب ورأى وجهها تحوَّل على الفور من الفرح إلى الخوف، فإنَّ الموقف دمَّره. لقد تسبَّب هو في ذلك. ثمَّ خرجت الكلمات: «أمِّي، إنني حقًّا آسف...»

تَوَقَّف

هل يمكن أن نغفر لأحد وأن نمتنع عن استعادة العلاقة وتسوية الأمور؟

تَوَقَّف

ماذا لو لم تستعد بايدي علاقتها بشون أبدًا؟ ما نوع الضرر الذي سيلحق بها وبه وبأسرته؟ ما الذي يمكن أن يخبرنا هذا عن رسالة الإنجيل؟

هذه واحدة من تلك اللحظات من «ماذا لو». ماذا سنفعل إذا أردنا أن نتصالح مع شخص ما، لكنَّهم يرفضون المصارحة والمصالحة؟ ماذا يفعل شون إذا أغلقت بايدي الباب في وجهه؟ ليس الأمر وكأنَّنا نستطيع أن نحكم على شخص ما ونجبره على مسامحتنا. كما تقول والدتي: «يمكنك اصطحاب الحصان إلى الماء، لكن لا يمكنك جعله يشرب».

فماذا يمكننا أن نفعل؟ يمكننا أن نكون مخلصين لله ونبذل قصارى جهدنا. إذا رفضوا، فعلينا أن نقبل ذلك بلطف. يمكننا أن نصلِّي من أجلهم بانتظام ونصلِّي أن يليِّن الربُّ قلوبهم ويعطينا فرصة أخرى. لكن لا يمكننا إجبارهم على فعل ما نريد.

يجب أن نصلِّي وننتظر ونثق بالله.

نقطة مفتاحيَّة

بصفتنا مؤمنين، يجب أن يتبع الاسترداد أيَّ نزاع بيننا. ومع ذلك، على الرغم من أنَّ الله قد غفر لنا ماضينا تمامًا، فهناك أوقات يطلب منَّا فيها أيضًا استرداد العلاقات التي تسببنا فيها بالضرر – حتَّى قبل أن نصبح مؤمنين وبعد ذلك.

آيات للحفظ

«أَيُّهَا ٱلْإِخْوَةُ، إِنِ ٱنْسَبَقَ إِنْسَانٌ فَأُخِذَ فِي زَلَّةٍ مَا، فَأَصْلِحُوا أَنْتُمُ ٱلرُّوحَانِيِّينَ مِثْلَ هَذَا بِرُوحِ ٱلْوَدَاعَةِ، نَاظِرًا إِلَى نَفْسِكَ لِئَلَّا تُجَرَّبَ أَنْتَ أَيْضًا». (غلاطية ٦: ١)

مُلخَّص

على الرغم من أنَّنا قد غُفِرت لنا تمامًا خطايانا الماضية، قد يطلب منَّا الله محاولة استرداد شيء ما كُسر. قد تكون كلمة «آسف» هي أصعب كلمة يمكن قولها، ولكنَّها قد لا تكون كافية لاستعادة ثقة شخص ما ألحقنا به الضرر كثيرًا لسنوات. قد يستغرق الأمر وقتًا حتَّى يروا أنَّك قد تغيَّرتَ حقًّا. قد تضطرُّ إلى قبول أنَّهم قد لا يثقون بك مرَّة أخرى. ومع ذلك، فإنَّنا نصلِّي وننتظر ونثق بالله.

ما المقصود؟

نحتاج أن نتيقَّن أنَّنا
نكرم اللّه في كلِّ
علاقاتنا، عزَّابًا،
أو متواعدين،
أو متزوِّجين.

٩- العزوبيَّة والتعارُف والزواج

أعلم أنَّه يبدو من الغريب أن يكون هذا هو الفصل الأخير، خاصَّةً وأنَّ معظم الناس يتوقَّعون أن يكون المكان الذي سنبدأ منه. الحقيقة هي أنَّني أردتُ التفكير في الصورة الكبيرة للعلاقات قبل أن أتطرَّق إلى التفاصيل.

يمكن للعلاقة أن تطرح الكثير من الأسئلة للمؤمن الجديد. هل يمكن للمسيحيِّين أن يواعدوا أيَّ شخص يحلو لهم؟ هل يمكنهم «التجربة قبل الشراء»؟ كيف تبدو المواعدة بالنسبة للمسيحيِّين؟ ما هي القواعد وكيف تعمل؟

ماذا عن الزواج؟ كيف يبدو الزواج المسيحيُّ الجيِّد؟ يمكننا أن نقول الكثير عن هذا. لذا كُن مُستعدًّا، ستكون جولة قصيرة بعض الشيء.

⏻ توضيح

أتذكَّر الاستماع إلى رجل قال إنه عندما واعد في المرَّة الأولى بعد إيمانه، لم يكن يعرف كيف كان من المفترض أن يتصرَّف في نهاية الليل. هل يصافحها أم يقبِّلها؟ اختار أن يربت على رأسها! من الواضح أنَّها وجدت ذلك محبَّبًا لأنَّهما متزوِّجان الآن!

تَوَقَّف

مـا رأيـك فـي بعـض الضغـوط التـي يواجههـا العـزّاب اليـوم -داخـل الكنيسـة وخارجهـا؟

إذا كنـت جديدًا فـي الحيـاة المسـيحيَّة، فـإنَّ كونـك أعزبَ مـن منظـور كتابـيٍّ قـد يكـون أمـرًا غريبًـا بعـض الشـيء. إنَّهـا مختلفـة تمامًـا عـن الطريقـة التـي يفعـل بهـا العالـم الأشـياء، وربَّمـا لا شـيء ممَّـا اعتـدتَ عليـه. أحـد التغييـرات الكبيـرة التـي يجـب التفكيـر فيهـا هـو أنَّ النشـاط الجنسـيَّ مـن أيِّ نـوع هـو للـزواج فقـط. لذلـك لا مزيـد مـن الثمـل فـي الليـل، لا مزيـد مـن ممارسـة الجنـس تحـت مسـمى «الصداقـة». الأمـور مختلفـة بالنسـبة للمسـيحيِّين. يطلـب منَّـا الله أن نحتفـظ بأنفسـنا للـزواج، لنكـون طاهريـن.

«وَلَكِنْ لِسَبَبِ ٱلزِّنَـا، لِيَكُنْ لِـكُلِّ وَاحِـدٍ ٱمْرَأَتُـهُ، وَلْيَكُنْ لِـكُلِّ وَاحِـدَةٍ رَجُلُهَـا». (١ كورنثـوس ٧: ٢)

بالطبع، لا تختفي تجاربنا بين عشيَّة وضحاها.

نحـن نعيـش فـي ثقافـة جنسـيَّة بشـكل كبيـر. يُبـاع الجنـس، ونـراه فـي كلِّ مـكان: البرامـج التلفزيونيَّـة والأفـلام والإعلانـات. إذا كنَّـا نصـارع الإغـراء الجنسـيَّ بالفعـل، فـإنَّ مشـاهدة فيلـم جنسـيٍّ بشـكل صريـح ومفصَّـل يمكـن أن يتسـبَّب فـي إغراءنـا ويـؤدِّي إلـى ارتـكاب خطايـا مثـل العـادة السـريَّة أو مشـاهدة الأفـلام الإباحيَّـة أو ممارسـة الجنـس العرضـيِّ.

«أُهْرُبُوا مِنَ ٱلزِّنَا. كُلُّ خَطِيَّةٍ يَفْعَلُهَا ٱلْإِنْسَانُ هِيَ خَارِجَةٌ عَنِ ٱلْجَسَدِ، لَكِنَّ ٱلَّذِي يَزْنِي يُخْطِئُ إِلَى جَسَدِهِ». (١ كورنثوس ٦: ١٨)

تَوَقَّف

هل تعتقد أنَّ هناك أيَّ شيء تشاهده قد يكون غير مفيد؟

«مِنْ أَجْلِ هَذَا يَتْرُكُ ٱلرَّجُلُ أَبَاهُ وَأُمَّهُ وَيَلْتَصِقُ بِٱمْرَأَتِهِ، وَيَكُونُ ٱلِٱثْنَانِ جَسَدًا وَاحِدًا. إِذًا لَيْسَا بَعْدُ ٱثْنَيْنِ بَلْ جَسَدٌ وَاحِدٌ». (مرقس ١٠: ٧، ٨)

عندما نمارس الجنس مع شخص ما، نتَّحد به.

يسمِّيه الكتاب المُقدَّس «جسدًا واحدًا». بمعنى آخر ليس الجنس عرضيًّا أبدًا. يوضِّح الكتاب المُقدَّس أنَّ الجنس هو فعل حميميَّة والتزام ذاتيٌّ يشمل الشخص كلَّه. تؤثِّر العهارة الجنسيَّة على علاقتنا بيسوع وأنفسنا والآخرين – بما في ذلك شريك حياتنا في المستقبل. الجنس قويٌّ، وإذا كنَّا نعبث بالجنس، فإنَّنا نلحق أضرارًا لا توصف بأنفسنا.

هل بدأت تدرك مدى أهميَّة هذا؟ عندما أصبحتُ مؤمنة، كنت أواعد صديقي في ذلك الوقت منذ أن كان عمري خمسة عشر عامًا. لم أعبث جنسيًّا، لكنَّني لم أكن عذراء أيضًا. عندما أصبح كلانا مؤمنين، توقَّفنا. أنا لا أقول إنَّنا لم نُجرِّب – سأكون كاذبة إذا فعلتُ – لكن كان علينا أن نطيع المسيح. لا يهمُّ أنَّ لا أحد يعرف ذلك لأنَّنا في النهاية عرفنا أنَّ الله سيعرف. لم نتمكَّن من الاستمرار، مهما أردنا ذلك.

«لِأَنَّ هَـذِهِ هِـيَ إِرَادَةُ ٱللهِ: قَدَاسَـتُكُمْ. أَنْ تَمْتَنِعُـوا عَـنِ ٱلزِّنَـا، أَنْ يَعْـرِفَ كُلُّ وَاحِـدٍ مِنْكُـمْ أَنْ يَقْتَنِـيَ إِنَـاءَهُ بِقَدَاسَـةٍ وَكَرَامَـةٍ، لَا فِـي هَـوَى شَـهْوَةٍ كَٱلْأُمَـمِ ٱلَّذِيـنَ لَا يَعْرِفُـونَ ٱللهَ». (١ تسـالونيكي ٤: ٣-٥)

تَوَقَّف

هل كنت تصارع مع هذا الأمر؟

قبل أن نبدأ في التفكير في المواعدة، أريد أن أتوقَّف للحظة وأفكِّر في كيفيَّة إقامة صداقة مع الجنس الآخر.

تَوَقَّف

هل تعتقد أنَّ الرجال والنساء يمكن أن يكونوا أصدقاء؟

الصداقة بلا تفكير هي واحدة من الأمور التي تضايقني جدًّا. أنا لا أقول إنَّه يتعيَّن علينا تجنُّب الجنس الآخر، لكنَّنا بحاجة إلى إشراك عقولنا. إذا لم نكن حذرين، فيمكننا في الواقع إيذاء الأشخاص الذين نهتمُّ بهم بسبب عدم تفكيرنا.

إذا كنتِ تغازلين شابًّا أو كنت تغازل فتاة لأنَّ ذلك يجعلك تشعرين بالرضا ويعزف على وتر غرورك، فتوقَّفي قبل أن يتأذَّى أحد بسببك.

إذا كنتم تتمتَّعون بعلاقة خاصة، تجريان محادثات خاصَّة بينكما فقط، فتوقَّفا قبل أن يتأذَّى أحدهم. لقد رأيتُ الكثير من الناس يتعرَّضون للأذى بسبب صداقة طائشة.

توضيح

أتذكَّر الفتاة التي كانت تغازل بجديَّة أصدقاءها الرجال بغضِّ النظر عن شعورهم وحتَّى عندما علمت أنَّهم منجذبون إليها. كانت متهوِّرة بمشاعرهم، وكانت فوضى الألم تنتظر حدوثها. عندما قمت بتحدِّيها، أنكرت أيَّة مغازلة أو فعل خاطئ. أتذكَّر أنَّني قلتُ لها: «هل يمكنك التحدُّث إلى آندي أو ميز بهذه الطريقة؟» (اثنان من القساوسة المتزوِّجين في كنيستنا). شعرتْ بالإهانة وقالت على الفور «كلاَّ، لن أفعل!»

تفاعل مع عقلك ولا تكن صديقًا طائشًا. هل يمكن أن يكون الرجال والنساء أصدقاء حقًّا؟ لا أعتقد أنَّ لهذا السؤال إجابة مباشرة بـ «نعم» أو «لا». نعم، يمكن أن يكونوا أصدقاء بالحكمة وبحدود ثابتة. عندما لا نكون حكماء، يمكن أن يؤدِّي ذلك إلى فوضى مشوِّشة ومؤلمة.

ماذا عن المواعدة؟ أعلم أنَّ هذا يبدو عقليًّا بعض الشيء، لكن الكتاب المُقدَّس لم يذكر في الواقع كلمة مواعدة. كان الناس إمَّا غير متزوِّجين أو مخطوبين أو متزوِّجين في الكتاب المُقدَّس. لا يبدو أنَّه كانت هناك فترة من الوقت تواعدوا فيها قبل خطوبتهما أو أيِّ شيء من هذا القبيل.

هل هذا يعني أنَّ المواعدة مُستبعدة؟ لا أعتقد ذلك. لا يقول الكتاب المُقدَّس إنَّ المواعدة خطيَّة، لكنَّه يعطينا مبادئ مفيدة.

أعلم أنَّ هذا قد يبدو مثيرًا للجدل في هذا اليوم وهذا العصر، ولكن حتَّى تنضج بما يكفي للزواج، أقترح عليك ألاَّ تبدأ بالمواعدة.

ولا أعتقد أنَّـه يجب على المسيحيِّين المواعدة مـن أجـل المواعـدة. إذا لم تكن مستعدًّا للزواج، فلا تواعد حتَّى تصبح جاهزًا.

تَوَقَّف

لماذا تعتقد أنَّني أقول ذلك؟

الأمـر هـو أنَّـه قـد تكـون هنـاك مشكلات تحتـاج إلـى الفـرز. ربَّمـا كنـت تشـاهد المـواد الإباحيَّـة. ربَّمـا تعانـي مـن جاذبيَّـة لنفس الجنـس؛ ربَّمـا تعتبـر نفسك ثنائيَّ الجنس؛ ربَّمـا كنـت مـع ثلاثـة شركاء مـن قبـل ولديـك طفـلان؛ ربَّمـا لم تكـن أبدًا في علاقـة مخلصة أمينـة؛ ربَّمـا خدعـك حبيبـك السـابق. قـد تكون هنـاك خطيَّـة وألم وأعبـاء تحتـاج إلـى التعامـل معهـا قبـل أن تفكِّر فـي مشـاركة خطيَّـة شـخص آخر وألمـه وهمومـه.

● توضيح

يكافـح شـون حقًّـا مـع الإباحيَّـة منـذ وقـت طويـل. كان قـد بـدأ ببضـع صـور، ولكـن سـرعان مـا حصـل علـى اشـتراك فـي قنـاة للبالغين وكان يشـاهدها كلَّ ليلـة – وكان الأمـر يـزداد سـوءًا. كان الاسـتمناء متاحًـا (ممارسـة العـادة السريَّـة) عندمـا يشـاهد؛ اسـتخدمها كأداة لتخفيف التوتُّـر. بعـد أن أصبـح مؤمنًـا، اسـتمرَّ صراعـه، لكنَّـه حظـي ببعـض اللحظـات مـن الانتصـار. لقـد اسـتغرق بعـض الوقـت ليكـون صادقًـا بشـأن كلِّ هـذا مـع شـريك المُسـاءلة، آنـدي، لكنَّـه فـي النهايـة أصبـح واضحًـا مـع هـذه الحقيقـة البائسـة بأكملهـا.

لـدى شـون نظـرة مميَّـزة لريبيـكا. إنَّهـا فتـاة جميلـة، وكان يفكِّر
في سؤالها للخروج معًا.

تَوَقَّف

هـل تعتقـد أنَّ شـون مسـتعدٌّ للتفكيـر فـي سـؤال ريبيـكا للخـروج
معـه؟ مـا هـو رأيـك فـي حياتـه؟

مـن الواضـح أنَّ نضـوج شـون قليـل، قبـل أن يكـون فـي وضـع يكـون
فيـه ناضجًـا بمـا يكفـي للتفكيـر فـي المواعـدة – بغـضِّ النظـر عـن الـزواج
– مـع أيِّ شـخص.

إذًا مـا الـذي يجـب أن نبحـث عنـه فـي موعـد محتمـل؟ أنـا لا أقـول إنَّـه
لا يجـب عليـك أن تُعجـب بشـخص، لكـن لا ينبغـي أن يكـون هـذا
مـا يحكمنـا. اسـتمع لـي. قـد يكـون ألطـف شـخص علـى هـذا الكوكـب،
ولكـن إذا لـم يكـن لديـه شـخصيَّة مسـيحيَّة صلبـة وحبٌّ حقيقـيٌّ للـربِّ،
فاركـض بعيـدًا عنـه مسـافة ميـل.

عنـد التفكيـر فـي شـخص مـا للمواعـدة، فكِّـر فـي شـخصيَّته ونزاهتـه
وإخلاصـه للـربِّ.

كيف يتعامل مع التجارب؟

هل قلبه خاضع وخادم؟

ماذا تكشف صلواته عن إيمانه؟

أنا لا أقول إنَّه يجب عليك استجوابهم، لكن عليك التفكير في أكثر من لون عيونهم وكم يبلغ طولهم. أودُّ أيضًا أن أقترح أنَّه من المفيد طلب بعض النصائح من مؤمن ناضج يعرفك، والاستماع إلى ما يقوله.

تَوَقَّف

لدينا جميعًا قائمة سرِّيَّة في رؤوسنا حول الشكل الذي يجب أن تبدو عليه زوجتك. كيف يبدو ذلك بالنسبة لك، وما مدى أهميَّة الشخصيَّة الكتابيَّة؟

تبدأ في المواعدة ويصبح الأمر جادًّا. تتحوَّل القبلة العفيفة في نهاية الأمسية إلى ثعابين عاطفيَّة. يجب معالجة السؤال:

إلى أيِّ مدى بلغ الأمر مداه؟ أين الخطُّ الفاصل؟

أستطيع أن أخبرك الآن أنَّه إذا سألت عشرة مسيحيِّين مختلفين، فستحصل على عشر إجابات مختلفة. لا تسيئوا فهمي، سيوافق الجميع على عدم ممارسة الجنس قبل الزواج، لكنَّ هناك طيفًا هائلًا بينهما. لن يكون لدى أيِّ شخص مشكلة مع تشابك الأيدي، لكن سيكون هناك نقاش حول التقبيل العاطفيِّ والمداعبة. هناك مسيحيُّون قد يقترحون حتَّى أنَّ الجنس الفمويَّ لا بأس به قبل الزواج لأنَّه ليس الجنس عن طريق الإيلاج (بالطبع، إنَّهم مخدوعون، ويبرِّرون خطاياهم بالأكاذيب، لذلك لا تفكِّروا في الأمر!).

لقد قرأتُ كتابًا مثيرًا للاهتمام حقًّا لرجل يُدعى كيفن دي. يونج (Kevin DeYoung) بعنوان «**ثقبٌ في قداستنا**»

(*The Hole in Our Holiness*)[1] ويتحدَّث عن هذا الأمر. في الأساس، يقول إنَّه ما لم نتزوَّج، لا ينبغي أن نفعل أيَّ شيء مع فتاة أو رجل لا يمكننا فعله مع أيِّ مسيحيٍّ آخر. في البداية، اعتقدتُ أنَّ ذلك كان متطرِّفًا بعض الشيء. إذًا ولا حتَّى قبلة واحدة؟ لكنَّه يقول بشكل أساسيٍّ إنَّنا بحاجة إلى الاعتناء بهم بصفتهم أخًا أو أختًا وحماية بعضنا البعض من الإغراء. كلَّما فكرتُ في هذا الأمر، كلَّما اتَّفقتُ مع هذا النوع من الحذر المتعمَّد والمحب.

عند المواعدة، نحتاج إلى التفكير في أكثر من مجرَّد مع من، ولكن أيضًا في كيفيَّة مواعدتنا بطريقة تمجِّد الله.

بينما ننتقل إلى الجزء التالي من هذا الفصل، تصبح المواعدة زواجًا.

بالنسبة لبعض المسيحيِّين، قد يكون من الصعب سماع ذلك. لكن الكتاب المُقدَّس واضح جدًّا أنَّ على المؤمنين أن يتزوَّجوا فقط من المؤمنين، ممَّا يعني أيضًا أنَّه يجب على المؤمنين أن يواعدوا المؤمنين فقط. وأعني مؤمنًا حقيقيًّا، وليس فقط شخصًا يتم سحبه إلى الكنيسة.

«وَلَا تُصَاهِرْهُمْ. بِنْتَكَ لَا تُعْطِ لِابْنِهِ، وَبِنْتَهُ لَا تَأْخُذْ لِابْنِكَ». (تثنية ٧: ٣)

[1] Kevin De Young, *The Hole in Our Holiness* (Wheaton, Il: Crossway Books, 2014).

تَوَقَّف

هل تعتقد أنَّ هذا قاسٍ؟ ما هي المشاكل التي تراها تحدث في العلاقة بين المؤمن وغير المؤمن؟

لن يفهم غير المسيحيِّ سبب أهميَّة يسوع لنا. سنريد أن نحيا بوصفنا مؤمنين من خلال التعامل مع خطايانا، ولن يعترف غير المؤمن حتَّى بأنَّ لديه خطيَّة للتعامل معها. لن نكون على نفس الصفحة مع أيِّ شيء: الأطفال، العطايا، الخدمة... لقد عرفت أشخاصًا تزوَّجوا من غير المؤمنين، وفي غضون فترة زمنيَّة قصيرة، لم يعودوا يذهبون إلى الكنيسة. يمكننا أن نقول لأنفسنا جميع أنواع الأكاذيب مثل: «إذا قمت بمواعدتهم، فسوف ينجذبون إلى الله ويصبحون مؤمنين». ولكن نادرًا ما تنجح «المواعدة من أجل التجديد»!

«لَا تَكُونُوا تَحْتَ نِيرٍ مَعَ غَيْرِ ٱلْمُؤْمِنِينَ، لِأَنَّهُ أَيَّةُ خُلْطَةٍ لِلْبِرِّ وَٱلْإِثْمِ؟ وَأَيَّةُ شَرِكَةٍ لِلنُّورِ مَعَ ٱلظُّلْمَةِ؟ وَأَيُّ ٱتِّفَاقٍ لِلْمَسِيحِ مَعَ بَلِيعَالَ؟ وَأَيُّ نَصِيبٍ لِلْمُؤْمِنِ مَعَ غَيْرِ ٱلْمُؤْمِنِ؟» (٢ كورنثوس ٦: ١٤-١٥)

٥ توضيح

منى لديها صديقة جيِّدة، كارولين، التي كانت مؤمنة نشطة حقًّا وتشترك في الكنيسة. ثمَّ قابلت توم في العمل. إنَّه لطيف مثلهما، لكنَّه لم يكن مهتمًّا بالله بأيِّ شكل من الأشكال. عندما بدأت كارولين في مواعدة توم، اصطحبتها منى لتناول القهوة وشاركتها مخاوفها وتحدَّثت عمَّا قاله الكتاب المُقدَّس. صارعت كارولين مع ما قالته

منى واعتقدت أنَّ الآيات التي استخدمتها ليست مناسبة لهذا اليوم. صارعت كارولين أكثر عندما رفض راعيها الخادم تزويجهما في الكنيسة، ونصحها بعدم الزواج تمامًا.

عرفت كارولين أنَّ عائلتها في الكنيسة تحبُّها. لم تستطع فهم سبب عدم قبولهم لتوم. قرَّرت أنَّ أفضل شيء تفعله هو تغيير الكنيسة. فعلت ذلك، وحصلت على حفل زفافها الكبير.

لا تزال ترى العديد من صديقاتها القدامى من الكنيسة وتلتقي مع منى كلَّ شهر. هي متزوِّجة بسعادة الآن ولديها طفلان صغيران. واجهت هي وتوم بعض الصعوبات في زواجهما. يبدو أنَّها تأتي فقط من أطراف مختلفة من الطيف. كانت بعض أكبر معاناتها في الطريقة التي تربِّي بها أطفالها. تريد كارولين أن يعرف الأطفال عن الله منذ صغرهما، لكن توم يعتقد أنَّ ذلك لا طائل من ورائه. إنَّه يشعر حقًّا أنَّها يجب أن تبقى هي والأطفال في المنزل أيام الأحد لأنَّه «وقت العائلة».

تَوَقَّف

كيف كنت ستجري هذه المحادثة مع كارولين؟ هل تعتقد أنَّ منى كانت تتدخَّل في شؤون كارولين؟

يبدو أنَّ الزواج قد فقد الأهميَّة التي كان يتمتَّع بها من قبل. يشعر بعض الناس أنَّ الزواج قد عفا عليه الزمن، إنَّه مجرَّد قطعة من الورق. يتزوَّج بعض الناس لأنَّهم يشتهون الجنس؛ والبعض لأنَّهم وحيدون؛ والبعض لأنَّهم بحاجة ماسَّة إلى الأطفال. وهكذا تمضي

الحياة. نحن بحاجة للتأكُّد من أنَّنا سنتزوَّج للأسباب الصحيحة. في كثير من الأحيان، يتزوَّج الناس بغير حكمة ويكونون «غير سعداء دائمًا». بعد كلِّ شيء، فإنَّ الزواج ليس لراحتنا أو حتَّى نشعر بالملل. إنَّه علاقة تدوم مدى الحياة.

«وَقَالَ ٱلرَّبُّ ٱلْإِلَهُ: «لَيْسَ جَيِّدًا أَنْ يَكُونَ آدَمُ وَحْدَهُ، فَأَصْنَعَ لَهُ مُعِينًا نَظِيرَهُ»». (تكوين ٢: ١٨)

عندما نفكِّر في تكوين ٢: ١٨، نرى أنَّه ليس من الجيِّد أن يكون الإنسان بمفرده، وكان حلُّ الله أن يزوِّده بزوجة هي حواء. تأسَّس الزواج ليكون علاقة حبٍّ بين رجل وامرأة واحدة. أُنشئ باعتباره المكان الوحيد لممارسة الجنس. أُسِّس كأفضل مكان لتربية الأطفال. ولكنَّه أُنشئ أيضًا بحيث يكون للزوج والزوجة صداقة عميقة قائمة على الحبِّ والثقة. الزواج هو أكثر بكثير من الجنس. يتعلَّق الأمر بالرفقة والشركة.

تَوَقَّف

(قرَّاء عازبون) هل أصبح الزواج صنمًا لكم؟ كيف تستخدم عزوبيتك كبركة لك ولعائلتك كنيستك؟

تَوَقَّف

(قرَّاء متزوِّجون) هل ترى أنَّ زوجتك هي أفضل صديقة لك؟ هل الزواج هو ما توقَّعته؟ كيف تفشل في الارتقاء إلى المستوى المثاليّ الخاصّ بأسرتك؟

مثل كلّ الزيجات، تواجه الزيجات المسيحيَّة المشاكل. لهذا السبب من المهمّ جدًّا أن يكونوا راسخين في الكتاب المُقدَّس. لدى الكثير من المسيحيّين هذه الفكرة الرومانسيَّة للزواج، لكنَّه عمل شاق. في أيّ زواج، هناك شخصان خاطئان وأنانيَّان يجتمعان معًا، وسيؤدّي ذلك إلى مشاكل تحتاج إلى التعامل معها. يجب أن يكون الزواج مدفوعًا من قِبَل الربّ، وهذا يعني جعله أولويَّة في حياتنا. يتعلَّق الأمر بكيفيَّة حبّنا لزوجنا حبًّا مضحيًّا باذلًا، ووضعه أوَّلًا بدلًا من رغباتنا الخاصَّة.

يقول القسُّ أليستر بيج (Alistair Begg): «تتوفَّر أعظم فرحة سنختبرها في الزواج عندما نتعلَّم أن نضع شريكنا في المقام الأوَّل. عندما نقدّر سعادة شريكنا على سعادتنا الخاصَّة، سنبدأ في فهم معنى الحبّ الحقيقيّ الباذل».[٢]

«أَيُّهَا ٱلْأَحِبَّاءُ، لِنُحِبَّ بَعْضُنَا بَعْضًا، لِأَنَّ ٱلْمَحَبَّةَ هِيَ مِنَ ٱللهِ، وَكُلُّ مَنْ يُحِبُّ فَقَدْ وُلِدَ مِنَ ٱللهِ وَيَعْرِفُ ٱللهَ. وَمَنْ لَا يُحِبُّ لَمْ يَعْرِفِ ٱللهَ، لِأَنَّ ٱللهَ مَحَبَّةٌ». (١ يوحنا ٤: ٧-٨)

هناك الكثير في الزواج يمكنني التركيز عليه، لكن ليس لدينا مساحة لذلك. ببساطة، أريد أن نرى الزواج، في جوهره، يُظهر من هو الله. الزواج هو عن الله وعن محبَّته لنا. يتعلَّق الأمر بكيفيَّة حبّنا لبعضنا البعض بسبب ذلك. كلَّما بدأنا في فهم محبَّة الله، كلَّما أدركنا أنَّنا، بعيدًا عنه، غيرُ قادرين على محبَّة أيّ شخص حقًّا بالطريقة التي ينبغي لنا أن نحبَّ بها.

[2] Alistair Begg on Ephesians 5:22-23. 'Planting Hedges in Marriage, Part Two', November 17, 1996. <https://www.truthforlife.org/resources/sermon/ plntng-hedges-in-marr-pt-2/>. Date accessed 28th August 2019.

«**نَحْنُ نُحِبُّ(هُ) لِأَنَّهُ هُوَ أَحَبَّنَا أَوَّلًا**». (١ يوحنا ٤: ١٩)

لأنَّه يحبُّنا، علينا أن نقتدي بحبِّه: «**فَكُونُوا مُتَمَثِّلِينَ بِٱللهِ كَأَوْلَادٍ أَحِبَّاءَ، وَٱسْلُكُوا فِي ٱلْمَحَبَّةِ كَمَا أَحَبَّنَا ٱلْمَسِيحُ أَيْضًا وَأَسْلَمَ نَفْسَهُ لِأَجْلِنَا، قُرْبَانًا وَذَبِيحَةً لِلهِ رَائِحَةً طَيِّبَةً**» (أفسس ٥: ١-٢).

إنَّه ترتيبٌ طويل، أليس كذلك؟

إنَّه أكثر بكثير من مجرَّد الرغبة في العيش في سعادة دائمة. إذا لم نكن مستعدِّين للقيام بذلك، أو إذا لم نكن ناضجين بما يكفي لنرغب في القضاء على رغباتنا الأنانيَّة، فعندئذٍ سأسأل ما إذا كنَّا مستعدِّين حقًّا للزواج. إذا لم تكن متأكِّدًا، فاطلب النصيحة من المتزوِّجين البالغين في كنيستك. تحدَّث مع شريك المساءلة الخاصّ بك قبل التفكير بجديَّة في متابعة الزواج.

اسأل، صلِّ، واستمع!

نقطة مفتاحيَّة

سواء كنت عازبًا أو في مواعدة أو متزوِّج: نحن بحاجة إلى أن نضع الله أوَّلًا، وأن نثق به ونكون راضين في أيِّ موقف وضعه لنا. في كلِّ علاقة، نحتاج أن نتعلَّم كيف نحبُّ الآخرين محبَّة مضحية. بينما نتعلَّم أن نحبَّ الله أكثر، أُصلِّي أن نتعلَّم أن نحبَّ أنفسنا أقلَّ، وبقيامنا بذلك نحبُّ من حولنا بشكل أفضل.

آيات للحفظ

«وَأَمَّا ٱلتَّقْوَى مَعَ ٱلْقَنَاعَةِ فَهِيَ تِجَارَةٌ عَظِيمَةٌ. لِأَنَّنَا لَمْ نَدْخُلِ ٱلْعَالَمَ بِشَيْءٍ، وَوَاضِحٌ أَنَّنَا لَا نَقْدِرُ أَنْ نَخْرُجَ مِنْهُ بِشَيْءٍ». (١ تيموثاوس ٦: ٦-٧)

مُلخَّص

لقد كنت أفكِّر في كيفيَّة إنهاء هذا الكتاب، ويبدو أنَّ هناك طريقة واحدة فقط للقيام بذلك: بالصلاة. دعونا جميعًا نصلِّي من أجل أن نحبَّ الله أكثر وأن نحبَّ أنفسنا أقلَّ والآخرين أفضل.

الخطوات العشر الأولى

هذه السلسلة من الكتب الدراسية للتلمذة والتعليم الكتابي، من سلسلة الخطوات العشر الأولى لـ 9Marks، مُصمَّمة لتساعدك على التفكير بعمق في بعض الأسئلة المهمة في الحياة.

١ – **اللهُ:** هل هو موجود؟

٢ – **الحرب**: لماذا أصبحت الحياة أكثر صعوبة؟

٣ – **الأصوات**: لمن أُنصت؟

٤ – **الكتاب المُقدَّس**: هل يمكننا أن نثق به؟

٥ – **آمِن**: ماذا ينبغي أن أعرف؟

٦ – **الشخصية**: كيف أتغيَّر؟

٧ – **التدريب**: كيف أعيش وأنمو؟

٨ – **الكنيسة**: هل ينبغي عليَّ أن اذهب إليها؟

٩ – **العلاقات**: كيف أُصحِّح الأمور؟

١٠ – **الخدمة**: كيف أعطي مقابل ما أخذت؟

سلسلة بناء الكنائس الصحيحة **IX 9Marks**

هل تنعمُ كنيستك بالصحَّة؟

تهدفُ هيئة "9Marks" لتزويد قادة الكنائس بمصادر كتابيَّة وعمليَّة، لإظهار مجد الله للأمم من خلال الكنائس الصحيحة.

من أجل هذا الهدف نريد أن نساعد الكنائس على النموِّ في العلامات التسع للصحَّة، والتي كثيرًا ما يتمُّ إغفالها:

١. الوعظ التفسيريّ
٢. اللاهوت الكتابيّ
٣. الفهم الكتابيّ لبشارة الإنجيل
٤. الفهم الكتابيّ للاهتداء
٥. الفهم الكتابيّ للكرازة
٦. العضويَّة الكنسيَّة
٧. التأديب الكنسيّ الكتابيّ
٨. التلمذة الكتابيَّة
٩. القيادة الكنسيَّة الكتابيَّة

نكتبُ في "9Marks" مقالاتٍ، وكتبًا، وتقييماتٍ لكتب، كما نُصدرُ مجلّةً إلكترونيَّة، وأيضًا نعقدُ مؤتمراتٍ، ونقومُ بتسجيل مقابلاتٍ وننتج مصادر أخرى لتمكين الكنائس من إظهار مجد الله.

قم بزيارة موقعنا الإلكترونيِّ لتجد محتوىً بأكثر من ٣٠ لغة، كما يمكنك تسجيل دخولك على موقعنا لتحصل على مجلّتنا الإلكترونيَّة المجانيَّة. يمكنك أن تجد قائمة بمواقعنا الأخرى الخاصَّة بلغات مختلفة على هذا الرابط: ./9marks.org/about/international-efforts

9Marks.org

2✝schemes
Gospel Churches for Scotland's Poorest

توجد خدمة 20schemes لتأتي برجاء الإنجيل إلى أفقر مجتمعات إسكتلندا من خلال تنشيط وزرع كنائس صحيحة تعظ بالإنجيل، ويقودها في النهاية جيل المستقبل من قادة الكنيسة المحلية.

«إن كنَّا سنرى حقًّا اختلافًا في حياة السكَّان في أفقر مجتمعاتنا، فعلينا أن نقبل بسرور استراتيجية جذرية وطويلة المدى تأتي برجاء الإنجيل إلى آلاف لا يُعدُّون ولا يُحصون».

ميز مكونيل، مدير الخدمة

نؤمن أن بناء كنائس صحيحة في أفقر مجتمعات إسكتلندا سوف يجلب تجديدًا حقيقيًّا ودائمًا وطويل المدى إلى حياة أشخاص لا يُحصون.

الاحتياج مُلِح

تعلَّم المزيد عن عملنا وكيفية المشاركة معنا من:

20chemes.com
Twitter.com/20schemes
Facebook.com/20schemes
Instagram.com/20schemes

مطبوعات Christian Focus

رسالتنا

البقاء أمناء

بالاعتماد على اللهُ نسعى إلى إحداث تأثير في العالم من خلال منتجات أدبية أمينة لكلمته المعصومة، الكتاب المُقدَّس. هدفنا هو ضمان تقديم الرب يسوع المسيح بصفته الرجاء الوحيد للحصول على غفران الخطية، وعيش حياة نافعة والتطلع للسكن في السماء معه.

كتبنا مطبوعة من خلال أربعة ناشرين:

Christian Focus

أعمال منتشرة تضم السِيَر الذاتية، والتفاسير، والعقائد الأساسية، والحياة المسيحية.

Christian Heritage

كتب تُقدِّم بعضًا من أفضل المواد من إرث الكنيسة الغني.

Mentor

كتب مكتوبة على مستوى مناسب لطلبة كليات اللاهوت والكتاب المُقدَّس والرعاة والقُرَّاء الجادين. تشمل المطبوعات تفاسير، ودراسات في العقيدة، وفحص للمشاكل الحالية، وتاريخ الكنيسة.

C F 4.K

كتب للأطفال للتعليم المسيحي الجيِّد ولكل المجموعات العمرية:

مناهج لمدارس الأحد، كتب، بازل، وأنشطة؛ وعناوين خاصة بالدراسة التعبُّدية العائلية والشخصية، سِيَر وقصص ملهمة – لأنك لست أصغر من أن تعرف يسوع!

ذهن جديد

رسالتنا: نحن خدمة تعليمية هدفها تجديد الذهن وتثبيت وتأصيل المؤمنين في كلمة اللهُ المُقدَّسة وتقديم خدمة المشورة الفردية والأسرية بهدف الاسترداد الكتابي لمجد اللهُ والرب يسوع المسيح.

للتواصل معنا

WhatsApp +201211583580 – +201210150752

Social Media: https://www.facebook.com/mashoraketabyya

https://t.me/zehngadiid

https://twitter.com/zehngadid?s=09

Website: www.zehngadid.org

Email: info@zehngadid.org

سلسلة الخطوات العشر الأولى

سلسلة الخطوات العشر الأولى